ちくま新書

# 言霊と日本語

今野真二
Konno Shinji



1531

# 言霊と日本語【目次】

第二章　江戸時代の言霊

## 本書の凡例

・本書においては、「コトダマ」のように、鉤括弧の中に片仮名を入れている場合は、原則として「コトダマ」という語を話題として採りあげていることを示す。

・鉤括弧は引用を示す場合にも使う。文献を引用するにあたって、漢字は「常用漢字表」に当該漢字が載せられている場合は「常用漢字表」に示されている字体を使い、載せられていない場合は原則として文献に使われている漢字字体を使う。仮名遣いはできるだけ文献のままとするが、読者のよみやすさを考え、句読点、説明に必要な傍点、振仮名を適宜補うことがある。このようなことを超えて特別な判断を加えた場合は、その都度断る。

・語義を〈 〉に入れて示すことがある。引用にあたって、引用元の文献で使われていた繰り返し符号「ゝ」「ゞ」「〳〵」などに文字を補うことがある。

# はじめに

「日本には古来、言霊《ことだま》の考え方があり、言葉には不思議な力が宿るとされた」(二〇二〇年八月四日『朝日新聞』朝刊「天声人語」欄)というような言説を目にすることは少なくない。「コトダマ」という語は現代においても案外使われているように思われる。しかし、よく考えてみると、「コトダマ」という語がいつ頃から使われ始め、それは日本語の中でどのように使われていったのか、ということや、日本文化の中で、どのように理解されていたのか、ということについては、あまり話題にならないように思われる。

本書は「言霊と日本語」を書名とした。「日本語・日本文化の中で「コトダマ」という語がどう使われ、「コトダマ」がどのようにとらえられてきたか」が本書のテーマということになる。

「言霊」という語を文字化したものが「コトダマ」であるが、まず中型の国語辞書である

『大辞泉』『広辞苑』『大辞林』がどのように説明しているか確認しておこう。

『大辞泉』（第二版）小学館、二〇一二年

ことだま［言霊］古代日本で、言葉に宿っていると信じられていた不思議な力。発した言葉どおりの結果を現す力があるとされた。

ことだま‐の‐さきわうくに［言霊の幸ふ国］言葉の霊力が幸福をもたらす国。日本のこと。「―と語りつぎ言ひつがひけり」〈万・八九四〉

『広辞苑』（第七版）岩波書店、二〇一八年

ことだま［言霊］言葉に宿っている不思議な霊威。古代、その力が働いて言葉通りの事象がもたらされると信じられた。万一三「―の助くる国ぞ」

―の‐さきはう‐くに［言霊の幸ふ国］言霊の霊妙な働きによって幸福をもたらす国。万五「大和の国は……―と語り継ぎ言ひ継がひけり」

『大辞林』（第四版）三省堂、二〇一九年

ことだま［言霊］言葉にあると信じられた呪力。
―のさきわうくに［言霊の幸ふ国］言語の呪力によって、幸福がもたらされている国。日本の美称。「そらみつ大和の国は……―と語り継ぎ言ひ継がひけり／万八九四」

「ことだま」という見出しだけでなく、「言霊の幸ふ国〈コトダマノサキワウクニ〉」も併せて示した。「思っていた通り」という方もいれば、「知らなかった」という方もいることだろう。

右に掲げた三冊の国語辞書は、おおむね同じような説明をしているようにみえるが、よくみると必ずしも説明が一致しているわけではない。

たとえば、『大辞泉』と『広辞苑』とは、「コトダマ」なるものは「言葉に宿っている」と説明している。「ヤドル」の語構成は「ヤ（屋）＋《プラス》トル（取）」である。この理解に従えば、そもそもいれものとしての「ヤ（屋）」があることになる。

『広辞苑』は「ヤドル」の語義を七つに分けて説明しているが、その③は「他の物の内に入りとどまる」という説明で、そこには『源氏物語』東屋《あずまや》巻の「亡き魂ややどりて見給ふらん」という使用例が掲げられている。あるいは語義の②では「すみかとしている。住む」という説明をしている。「スミカ」とする何かがあって、そこに棲息する、居住する、ということだ。

「言葉に宿る」という説明であれば「コトバ」の内部に「不思議な力」「不思議な霊威」があることになる。そしてその不思議な力や霊威は、そもそもは「コトバ」の外部に存在していたことになる。

こう考えた場合、「コトバ」の外に存在していた「不思議な力」「不思議な霊威」が「コトダマ」なのか、「コトバ」の内部に宿った時に、「不思議な力」「不思議な霊威」と「コトバ」が一体化して、「コトダマ」というものになるのか、あるいはまた、「コトバ」の内部に宿った「不思議な力」「不思議な霊威」そのものが「コトダマ」なのか、そこは説明されていないようにみえる。

一方、『大辞林』は「コトダマ」が「言葉にある」と説明している。これは「コトバ」がもっている「呪力」を「コトダマ」と呼んでいたのだ、という説明にみえる。

「いやいや、「宿る」も「ある」もそれほど変わらないでしょ」というみかたもありそうだが、しかし筆者とすると、そういうことが気になる。そういうところをきちんと整理せずに、「コトダマ」について述べるのはいささか乱暴だろう。目くじらをたてるなという方もいるかもしれない。だが、そうでないと、何でも「コトダマ」だ、という話になってしまう。

本書では、第一章で「コトダマ」という語が、どのような文献のどのような場面で、どのように使われてきたかという、使用の歴史をまずおさえておくことにしたい。

江戸時代になると、「コトダマ」という語が何らかの考え方と結びついて大きく展開し始める。第二章では、江戸時代に焦点をあてて考えてみることにする。

江戸時代中期以降においては、いろいろな人物が「コトダマ」をめぐって思索を行なった。その中でも、富士谷御杖《ふじたにみつえ》という人物に注目したい。富士谷御杖は、和歌の解釈と「コトダマ」とを結びつけて、独自の「コトダマ」観を展開した。筆者も、かねてから富士谷御杖の特徴のある「コトダマ」観に興味をもっていた。

そして第四章では、詩的言語をよむという観点から、あらためて「コトダマ」とは何かについて考えてみたい。

# 第一章　『万葉集』の言霊

## †奈良時代には使われていた語

「はじめに」で掲げた『大辞泉』『広辞苑』『大辞林』には「万……」と使用例が挙げられているが、これは『万葉集』のことである。『万葉集』は全二〇巻で、数え方によるが四五三六首をおさめた日本最古の和歌集で、八世紀には成ったと考えられている。つまり、八世紀にはすでに「コトダマ」という語があったことがわかる。

まず、『新日本古典文学大系　萬葉集』（岩波書店）から、「コトダマ」が出てくる原文を三例（原文1・2・4）みてみたい。4は長歌の後に添える反歌で、対応する柿本人麻呂の長歌が3である。

（原文1）

神代欲理《かみよより》　云伝久良久《いひつてくらく》　虚見通《そらみつ》　倭国者《やまとのくには》　皇神能《すめかみの》　伊都久志吉国《いつくしきくに》　言霊能《ことだまの》　佐吉播布《さきはふ》
国等《くにと》　加多利継《かたりつぎ》　伊比都賀比計理《いひつがひけり》　今世能《いまのよの》　人母許等期等《ひともことごと》　目前尓《まのまへに》　見在知在《みたりしりたり》……

（原文2）

事霊《ことだまの》　八十衢《やそのちまたに》　夕占問《ゆふけとふ》　占正謂《うらまさにのる》　妹相依《いもはあひよらむ》

（原文3）

柿本朝臣人麻呂歌集歌曰
葦原《あしはらの》　水穂国者《みづほのくには》　神在随《かむながら》　事挙不レ為国《ことあげせぬくに》　雖レ然《しかれども》　辞挙叙吾為《ことあげぞあがする》　言幸《ことさきく》　真福座跡《まさきくませと》　恙無《つつみなく》
福座者《さきくいまさば》　荒礒浪《ありそなみ》　有毛見登《ありてもみむと》　百重波《ももへなみ》　千重浪敷尓《ちへなみしきに》　言上為吾《ことあげすあれは》　言上為吾《ことあげすあれは》

（原文4）

反　歌

志貴嶋《しきしまの》　倭国者《やまとのくには》　事霊之《ことだまの》　所レ佐国叙《たすくるくにぞ》　真福在与具《まさきくありこそ》

まず注意が必要なのは、仮名が使われるようになったのは平安時代中頃の九世紀末から十世紀初めにかけてだったことである。つまり『万葉集』は漢字だけで記されていた。右では漢字に振仮名が施してあるが、それは現時点において漢字がどのような日本語をあらわしているか、という「よみ」の一つということになる。

## †「言」と「事」

これらの歌を『新日本古典文学大系　萬葉集』では、次のように訓《よ》み下している。

（訓み下し文1）

神代《かみよ》より　言ひ伝《つ》て来《く》らく　そらみつ　大和《やまと》の国は　皇神《すめかみ》の　厳《いつく》しき国　言霊《ことだま》の　幸《さき》はふ国と　語り継《つ》ぎ　言ひ継がひけり　今の世の　人もことごと　目《ま》の前に　見たり知りた

り……（巻五・八九四）

（訓み下し文2）

言霊《ことだま》の　八十《やそ》の衢《ちまた》に　夕占《ゆふけ》問ふ　占《うら》まさに告《の》る　妹《いも》は相寄らむ（巻十一・二五〇六）

（訓み下し文3）

柿本朝臣人麻呂《かきのもとのあそみひとまろ》歌集の歌に曰《いは》く

葦原《あしはら》の　瑞穂《みづほ》の国は　神《かむ》ながら　言挙《ことあ》げせぬ国　しかれども　言挙げぞ我《あ》がする　事幸《さき》く　ま幸《さき》くませと　つつみなく　幸《さき》くいまさば　荒磯《ありそ》波　ありても見むと　百重《ももへ》波　千重《ちへ》波しきに　言挙げす我《あれ》は　言挙げす我《あれ》は（巻十三・三二五三）

（訓み下し文4）

反歌

磯城島《しきしま》の　大和の国は　言霊《ことだま》の　助《たす》くる国ぞ　ま幸《さき》くありこそ（巻十三・三二五四）

訓み下し文では1、2、4とも「コトダマ」に「言霊」の漢字を当てているが、原文をみると、1は「言霊」、2と4は「事霊」である。

このことについて少し整理しておこう。

『時代別国語大辞典　上代編』（三省堂）は上代、すなわち奈良時代頃の日本語についての辞典である。その「こと［言・辞］」には、次のように記されている。

言《コト》と事《コト》とは、語源的に一つのものであろう。言《コト》に出して表現することによって、事柄の実現を信じた上代人の心裡《しんり》には、言《コト》は事《コト》としてとらえられていたと考えられるからである。複合語の内部にあるコトや、長い連体修飾を受けたコトには、言と事との区別が明瞭でないものが多い。

右は、説明としては「なるほど」と納得しにくい面をもつ。

「言と事とは、語源的に一つのものであろう」は「あろう」だから、誰かの推測にみえる。なぜそのように推測できるかという根拠がほしいが、それは明白なかたちでは示されていない。

「言に出して表現することによって、事柄の実現を信じた上代人の心裡には、言は事としてとらえられていたと考えられるからである」は「からである」と結ばれている以上、これが理由の提示、すなわち根拠であってほしいが、「考えられるからである」では、誰がそう考えたかは示されていない。そもそも「上代人の心裡」が現代人にわかるのだろうか、という疑問がある。

だからといって、右の説明を真っ向から否定するわけではないが、文献の「情報」によって、ほぼ確実と思われること、文献の「情報」からある程度蓋然性《がいぜんせい》のある「推測」ができること、文献の「情報」によっても、「推測」が難しいこと、そもそも文献の「情報」が曖昧《あいまい》なこと、文献の「情報」がなさそうなこと、は区別したい。そういうことを曖昧にしておくと、行き着く先も曖昧なふわふわした地点になってしまう。

少し脱線した。筆者なりに、「言＝事」説を支持するような事例をあげるとすれば、3の柿本人麻呂の長歌である。その訓み下し文には「言挙げ」という語が四回使われている。現在「コトアゲ」とよまれている語が、原文ではそれぞれ「事挙」「辞挙」「言上」「言上」と書かれており、「コト」の部分には「事・辞・言」と三種の文字があてられている。

コトアゲは「ことばに出して言いたてること」(『時代別国語大辞典　上代編』)であるので、「コトアゲ」の「コト」は〈ことば〉とみてよい。3の長歌をみれば、〈ことば〉という語義をもつ「コト」に漢字「事」があてられることもあることになる。
これだけでは証明としては不十分であろうが、本書では「言《コト》と事《コト》とは、語源的に一つのもの」という「みかた」を受け入れて、先に進むことにしたい。

## †『万葉集』の「タマ」

「コトダマ」−《マイナス》「コト」＝《イコール》「タマ」では変な引き算だが、「タマ」についても整理しておきたい。先に使った三省堂の『時代別国語大辞典　上代編』は「タマ〔霊〕」を次のように説明している。

霊魂。神霊。人間の魂や自然物、特定の器物に宿る霊。また、それらから遊離して人間にとりついたりして、さまざまな不思議な働きをなす超自然的な力。幸いをもたらすこともある点から、恩寵《おんちょう》の意にも用いられる。タマアフは魂が通じて離れた所の人に逢う意。

右の説明では、人間の魂に宿る霊が「タマ」であると読むことができるので「タマシイ（魂）」の中に「タマ」が宿っていることになる。「タマ」は「人間の魂や自然物、特定の器物に宿る」のだから、宿る対象が、それほどは限定されていない「不思議な働きをなす超自然的な力」という説明だ。

「タマ」を神とのかかわりにおいてとらえ、〈神霊〉とみると、動的で勇猛、強力な〈神霊〉を「アラミタマ（荒御魂）」、穏和で穏やかな〈神霊〉を「ニキミタマ（和魂）」と呼ぶことになる。

### †「コトダマ」の公的性格

1、2、4の「コトダマ」を、『新日本古典文学大系　萬葉集』はどのように口語訳しているかみてみよう。

1の「神代《かみよ》より　言ひ伝《つ》て来《く》らく　そらみつ　大和《やまと》の国は　皇神《すめかみ》の　厳《いつく》しき国　言霊《ことだま》の幸《さき》はふ国と　語り継《つ》ぎ　言ひ継がひけり」は、「神代から語り伝えてきたことには、（そらみつ）日本の国は、皇神の厳として厳めしい国、言葉の霊力の豊かな国であると、語り継ぎ、言い継いできた」と訳している。

2の「言霊《ことだま》の　八十《やそ》の衢《ちまた》に　夕占《ゆふけ》問ふ　占《うら》まさに告《の》る　妹《いも》は相寄らむ」は、「言霊のはたらく八十の巷で夕占をした。占は正《まさ》しく出た、妹は私に寄るだろうと」としている。

4の「磯城島《しきしま》の　大和の国は　言霊《ことだま》の　助《たす》くる国ぞ　ま幸《さき》くありこそ」は、「（磯城島の）大和の国、即ち日本の国は言葉の霊が助ける国です。御無事であって下さい」となっている。

口語訳を作った人が異なるということは当然考えられるが、1では「言葉の霊力」、2では「言霊」、4では「言葉の霊」と一定しない。2は「言霊」がそのままなので、もともとの和歌で使われていた「コトダマ」を「口語訳」においてもそのまま使っていることになる。入試問題であれば、バツになる……というようなことはいわないことにして、つまり「コトダマ」は「口語訳」しにくい、現代日本語に置き換えにくい語でありそうなことがわかる。

1では、「大和の国がコトダマの幸はふ国」であるといい、4では「大和の国は言霊の助くる国」であるという。「サキハフ」には四段活用をする自動詞と下二段活用をする他動詞があるが、1の「幸はふ」は他動詞で、〈幸あらしめる〉すなわち〈幸福にする〉という語義だ。1と4とには、述べられていることに重なり合いがある。

ともに大和の国について、「コトダマ」が幸福にしている国、「コトダマ」が助けている国と述べていることに注目しておきたい。

『万葉集』の中で、はっきりと「コトダマ」という語が使われている三例のうちの二例までが、大和の国についての言説として使われている。「公的（public）」「私的（private）」という観点にあてはめれば、大和の国は「公的（public）」側である。

「タマ」が一般的な超自然的な力ではなく、「神霊」あるいは「神」とのかかわりの中で発現してくる超自然的な力であるとすれば、「コトダマ」という語が公的（public）に使われていることはむしろ当然といえよう。

### †「八十」とは数が多いこと

いっぽう、2は「妹が私に寄るだろう」つまり〈妹＝恋人が私になびくだろう〉と述べる。恋愛は「私的（private）」なことである。この「コトダマ」の使い方はどのように解釈できるだろうか。

「ヤチマタ（八衢）」とは、道が枝分かれしている「辻《つじ》」をさす。あるいは「ヤソ（八十）」

とは〈数の多いこと〉をあらわしている。このことから「言霊の八十の衢に」をコトダマノヤソ（言霊の八十）といえば〈言霊がたくさん存在する〉ということになるし、ヤソノチマタ（八十の衢）といえば〈多くの道の分岐点〉ということになる。あるいは「コトダマノヤソノチマタニ（言霊の八十の衢に）」までをひとつづきの表現としてみると、〈多くの道の分岐点には言霊がたくさん存在する〉ということだと解釈できる。

ちなみにいえば、江戸時代の国学者、本居宣長《もとおりのりなが》の息《そく》で、やはり国学者の本居春庭《はるにわ》（一七六三〜一八二八）が著わした動詞の活用についての研究書は、『詞八衢《ことばのやちまた》』と名づけられている。この本居春庭と研究書『詞八衢』について、足立巻一《あだちけんいち》『やちまた』（一九七四年、河出書房新社）という評伝がある（七五年に芸術選奨文部大臣賞を受賞）。

『新明解国語辞典』の編集主幹も務めた山田忠雄は自著で、山内七郎の『小説「言海」』について述べるさいに、足立の著作を引き合いに出して、次のように評している。

「大河小説の概《がい》有る「やちまた」（足立巻一）二冊の重厚・構想雄大なるに比して余りにも貧弱である」。（足立の『やちまた』は）「地域社会との交渉及び学者の世界における交遊関係と四つに取組んだ上に、自己の青春遍歴を程よく織り交ぜ、故人の立体像の浮彫にほぼ成功した。盲目の学者であり歌人であった春庭を支えた妹（乃至《ないし》妻）の献身を極く自然な形で可能ならしめた人間春庭の生き方は、素直な意味で吾人の仰いで範とすべき一つの理想と云えよう」（山田忠雄述『近代国語辞書の歩み 上』一九八一年、三省堂、五六四〜五六五頁）。

山田は、『やちまた』を大河小説の趣があり重厚・構想雄大と、高い評価を与えている。この本居春庭と『詞八衢』については、本書第二章であらためて触れたい。

## †「コトダマ」と占い

さて、2の『万葉集』二五〇六番「言霊《コトダマ》の　八十《ヤソ》の衢《チマタ》に　夕占問《ユフケ》ふ　占《ウラ》まさに告る　妹《イモ》は相寄らむ」の解釈を続けよう。この歌がどのような状況を描写しているかを理解するためには「ユフケトフ（夕占問）」も理解する必要がある。

『日本国語大辞典』第二版によれば、夕占とは夕方にする辻占のことで、道端に立って一定の区域を定め、米をまき、呪文を唱えなどして、その区域を通る通行人のことばを聞いて吉凶禍福《きつきようかふく》を占うものである。『日本国語大辞典』では、その実例として『万葉集』（一四・三四六九）*と江戸時代の国学者の谷川士清《たにかわことすが》（一七〇九〜七六）が編んだ『和訓栞《わくんのしおり》』（一七七七〜一八八七）』*が引用されている。

＊『万葉集』（一四・三四六九）
由布気《ユフケ》にも今宵と告《ノ》らろ我が背なは何故《アゼ》そも今宵寄しろ来まさぬ〈東歌〉

＊『和訓栞』
万葉集に夕占夜占夕衢などをよめり。俗にいふ辻占也

『万葉集』二五〇六番の「夕占」がどのようなものであったか、正確にはわからない。だが、『和訓栞』も、この歌の「夕占《ユフケ》」を、通行人のことばによる占いとみている。

「八十衢」は辻だから、多くの人が行き交っている。多くの人がいれば、そこにはことばが満ちており、言霊がたくさん存在する。辻を通る人が喋る声から「夜《ヨル》」という単語が耳に入ってくれば、「そうか、恋人は寄るのだ」と喜ぶという状況だ。

もう一つ留意しておきたいのは「占」だ。占いは、希望や問題ついて将来どうなるかを知るために行うが、それは神にたずねるということである。

現在なら神社でおみくじを引いて、運勢を占う。おみくじは人間が作っているだろうが、おみくじによって「運勢」を示してくれるのは神のはずだ。「夕占」や「辻占」で具体的に耳に入ってくるのは、そこを通りかかった誰かのことばだが、それを選んで、耳に入るようにしたのは、神ということだ。したがって、そのようにして耳に入ってきたことばは

もはや人が語ることばではないということになる。

『万葉集』で使われている「コトダマ」という語は、「大和の国」か「神」という公的なことことのかかわりのなかで、あるいは国や神を背景にした場面で使われていることがわかった。

## †ことばに宿るのか、ことばそのものの力か？

先にも少し述べたが、コトダマは〈ことばに宿るもの、宿っているもの〉なのか、〈ことばそのものの持つ力〉なのか、というところが、どうしても気になる。

〈ことばに宿るもの、宿っているもの〉であれば、ことばそのものではない、別のものということになる。〈ことばの持つある種の力〉をコトダマと呼ぶのであれば、コトダマは（ほぼ、というべきかもしれないが）ことばそのものということになる。

「コトダマ」という語の、『万葉集』での使われ方をみる限り、「大和の国」「神」という公的なことことのかかわりにおいて使われていることは確認できた。無条件に「コトダマ」という語が使われているわけではないことになる。

またコトダマは、やはり「コト＋タマ」と分解できるだろう。「コト」は〈言〉すなわち〈コトバ〉で、「タマ」は〈神にかかわる超自然的な力〉であろう。こうみていくと、コトダマが〈コトバ〉そのものとは考えにくくなる。筆者としては、コトダマは〈コトバに宿るもの、宿っているもの〉と考えたい。

ことばは人間同士が使っている場合は、いわゆるコミュニケーションのために使われる。まあ、普通の使い方だ。ところが、神の意志を人間に伝えるためにことばが使われる場合には、それは特別な力を持ったことばとして現前してくる。それを「神のことば」と呼んでもよい。神はいろいろな場面で、いろいろなかたちで、その意志や力を示す。

とはいえ、次のa・bのようにまだ整理しきれない面はある。

a　コトバにコトダマが宿る。

b　コトバに神の不思議な力が宿ってコトダマという特別なコトバになる。

aはbでいうところの〈神の不思議な力〉をコトダマと呼ぶということで、bは〈神の不思議な力が宿った特別なコトバ〉をコトダマと呼ぶということなので、少し考え方が異なるが、両者を截然《せつぜん》と区別することも難しいため、ひとまず「aあるいはbという定義」

で、コトダマについて考えを進めていくことにしたい。

### †区別が曖昧な言霊信仰と言霊思想

『日本国語大辞典』第二版の見出し「ことだま［言霊］」の「語誌」には次のように記されている。

(一) 幕末以降の国粋主義的な言霊思想によって、神代から日本に存した固有のものとされる傾向があるが、上代の用例は、「万葉集」の三例（人麻呂歌集・憶良「好去好来歌」）にとどまる。

(二) 憶良の歌「そらみつ　倭《ヤマト》の国は　皇神《スメカミ》の　厳《イツク》しき国　言霊の　幸はふ国と　語り継ぎ　言ひ継がひけり」（五・八九四番）では、遣唐使を送るに臨んで、和歌という自国語の言語表現を用いて餞する際に、「言霊」の語が高唱されており、挙例の一三・三二五四番歌と同じく国家意識と深く結びついたものである。

(三) 「呪詞」「呪文」「ことわざ」に見るような原始民族共通の一種の呪術や、「ことあげ」の抑制されるような実態は、以前からあったが、言霊信仰は、人麻呂時代に国家意識に関わってはじめて復活したものであるとする説がある。

（一）の説明文中に「言霊思想」という語が使われている。現代日本語の「思想」は単に〈心に思い浮かんだこと〉ではなく、〈あるまとまりをもった考え方〉である。

たとえば、『岩波国語辞典』第八版（二〇一九年）は、見出し「しそう（思想）」の語義を二つに分けて記述しているが、その②には「〔心理・哲学〕思考作用の結果生じた意識内容」とある。思考の結果生じた意識という説明に留意したい。

「言霊思想」というのであれば、「言霊」についてあれこれと考えたり観察したり（思考作用）した結果、「言霊とはこういうものだ」という考え（意識内容）に、ある人が到達したということが、思想と呼ぶにふさわしい。あれこれと考えるのはある人であるが、つまり「言霊」を対象にして、その外側から考えたり観察したりするという行為をともなってできあがったものが「言霊思想」ということになる。

（二）の説明文中「挙例の」とあるのは、先述の『万葉集』の、人麻呂への反歌である4のことである。

（三）では「言霊信仰」という語が使われている。

古典を読んでいて、「コトバに神の不思議な力が宿る」という描写があったとする。『万葉集』や『古事記』『風土記』であっても、書き手が特定できるならば、その人がそう思っていたのだろうな、ということは推測できる。また、それらの読み手もそれを受け入れていたのだろうということも推測できる。書き手や読み手がそう思っていたということをもって「信仰」と呼ぶということはできなくはないであろうが、もう少ししっかりとした裏付けがほしい。

『岩波国語辞典』は見出し「しんこう（信仰）」を「神・仏など、ある神聖なものを（またはあるものを絶対視して）信じとうとぶこと。そのかたく信じる心」と説明している。「信仰」だから、少なくとも「仰」に対応する〈とうとぶ〉とか〈信じる〉ということが含まれているのが「信仰」であろう。

「ことばには力があるのだ」という描写を残したこと自体が信仰なのであるという「みかた」はあるかもしれないが、そのような「みかた」を採ると『万葉集』の一つ一つの歌がすべて何らかの信仰に裏付けられているということになってしまうし、『古事記』の文章すべてがその頃の人々の信仰を言語化したものだということになってしまう。そうなると、かえって信仰という語の意味合いが薄れてしまうだろう。

筆者は、信仰という語を使うのは、「信じて尊重している」ことが何らかの根拠に基づいて推測できる場合に限定しておきたい。また「コトダマという語」がある文章内で使われていることと、言霊について考え到達したまとまりのある「言霊思想」と、言霊を信じて尊重する「言霊信仰」は、はっきりと区別しておきたい。そうしなければ、「言霊」について考えることはできないだろう。

この第一章では「コトダマ」に言及した実例として『万葉集』から三首（先述の1、2、4）を掲げた。4は反歌なので「柿本朝臣人麻呂之歌集」にあるという注が施されている3も掲載した。

この3について、次のような説明がある。

「人麿の時代は上代的な言霊信仰の残映が強く、人麿自身にも多くの魔術的心性をみる。その皇室賛歌や壮大な挽歌などは、どれをとっても言霊思想の歌である」という（豊田国夫『日本人の言霊思想』一九八〇年、講談社学術文庫、九九頁）。この言説によれば、上代にすでに「言霊信仰」なるものがあって、「人麻呂の時代」にはその「上代的な言霊信仰」が残存していたことになる。しかし、上代以前に「言霊信仰」がすでにあったことを、どうやって知ることができるのだろうか。

『万葉集』以前にはまとまった日本語が記された文献がない。したがって、「人麻呂の時代」が「上代的な言霊信仰」が残存する時代であったにもかかわらず、柿本人麻呂の「皇室賛歌や壮大な挽歌」は「言霊思想の歌」であるということは、文献上確認ができない。そしてまた、「言霊」を考えるにあたって、「コトダマ」という語の使用と「言霊信仰」「言霊思想」が区別されていないように思う。

これまでわかっているところでは、『古事記』『風土記』『万葉集』において「コトダマ」という語は先に掲げた三回しか使われていない。ただし、ことばに力があるという描写は少なからずみられるということだ。

次に、ことばに力があるという描写を『古事記』『風土記』によって確認しておこう。

### †ことばの力

『古事記』上巻に「火照命《ほでりのみこと》＝ウミサチビコ（海幸彦）」と「火遠理命《ほおりのみこと》＝ヤマサチビコ（山幸彦）」兄弟の神話が記されている。「海幸山幸」としてよく知られている話だ。

弟は兄が使っている「鉤《ち》」すなわち釣針《つりばり》を借りてなくしてしまう。弟は兄の釣針を探しに海中に行き、海神《わたつみ》に兄の釣針を探してもらい、それを持って陸の世界に戻る。

海神は鯛の喉に刺さっていた釣針を取り出し、洗い清めて弟に渡す時に「この鉤《ち》は、「淤煩鉤、須々鉤、貧鉤、宇流鉤」と言って、後ろ手に（兄に）与えなさい」と言う。

『古事記』の「淤煩鉤」「須々鉤」「貧鉤」「宇流鉤」は、それぞれ「オボチ」「ススヂ」「マヅチ」「ウルチ」という語を書いたものだろうと推測されている。

「チ」は〈釣針〉という語義の古語である。「オボ」「スス」「マヅ」「ウル」がどのような語義か物語中では明らかにされないが、「淤煩」は「オボツカナシ」の「オボ」と同じで〈ぼんやり〉、「須々」は「スズロク（漫）」の「スズ」と同じで〈落ち着かない様子〉、「貧」は「貧し」の「マヅ」と同じ、「宇流」は「愚か」の「オロ」と同じ、というような推測がなされている。「マヅチ」が「貧鉤」と書かれているのはわかりやすいかもしれない。「ぼーっと針」「そわそわ針」「貧乏針」「あほ針」と言って渡したようなものだろう。そういう名前の釣針では魚が釣れそうもない。

『日本書紀』の巻第二にも海幸彦山幸彦の話がある。『日本書紀』のほうは「貧窮の本《もと》」「飢饉の始《はじめ》」「困苦の根《ね》」と詛言って与えよとある。「詛言」は「トコイノタマウ」という語を書いたものだと考えられている。

『日本国語大辞典』は「トコウ」の語義を〈人の身に悪いことが起こるように神に祈る。

わざわいを他に加えようとして祈る。のろう〉と説明している。そして『日本書紀』ではその「トコイ」が使われており、はっきりと呪詛《じゅそ》のことばが発せられている。また釣針の名前として「貧窮」「飢饉」「困苦」という漢字列が使われている。

とにかく『古事記』も『日本書紀』も、いいことは言ってなさそうだ。しかも「後ろ手」に渡せと言っており、意味ありげだ。これは「呪文」であろうと推測される。そして兄はだんだん貧しくなっていく。

右の場面の描写中には、「コトダマ」という語が使われていない。したがって「コトダマ」ということではなく、ことばに力があるという話だと理解しておきたい。釣針によくない名前をつける。その釣針では魚が釣れない。よくない名前の釣針を持っていることで、「運気」が下がっていく。ことばがそういう力を発揮する時がある。そういう話だ。『古事記』において「トコイ」という語が使われている（と思われる）場面をもう一つみておこう。

## †悪いことの実現を神に祈る

『古事記』中巻の応神天皇の条の末尾に、「伊豆志《いずし》大神」にかかわる話が載せられている。

つまり、人の世の話の中に神の話が載っている。

「伊豆志大神」の娘に「伊豆志袁登売神《おとめのかみ》」がいらっしゃった。この神を「秋山之《あきやまの》下氷《したひ》壮夫《おとこ》」「春山之霞壮夫《はるやまのかすみおとこ》」という兄弟の神が妻にしようと思った。弟は「伊豆志袁登売神」を妻にすることができたが、兄は弟が妻にしたことに腹をたてて、妻にできたら与えると約束したものを弟に与えなかった。

兄弟の母は兄が約束を守らないことを恨んで、竹で目の粗い籠を作り、川の石を取り、塩と混ぜ、竹の葉で包んで、弟に「この竹の葉が青く茂るように、この竹の葉が萎《しお》れるように、茂り萎れよ。また、この潮が満ちたり干《ひ》たりするように、満ち干よ。また、この石が沈むように、沈み伏せ」とこわせて、煙の上に置いた。

これによって、兄は八年の間、潮が干るように、病み枯れてしまった。そこで、兄は悲しみ泣いて、母に申し上げたので、母はその「トコイト（詛戸）」を返させた。すると、兄の体はもとのように健康になった。

本居宣長は『古事記伝』の中で、「詛戸」について次のように述べている。

現在は「トコイト」を「呪いの置物」と考えることが多い。ここでも兄は「トコイのことば」のようになってしまい、「トコイト」をなくすと回復する。つまり、ことば通りになるという描写である。しかし『古事記』の伊豆志大神の話では、やはり「トコイト」は呪詛のことばとみるのが自然であるが、ただ単に発せられたことばの通りになったということではない。神に祈るといえば、「いいことの実現」を願うことが多いであろうが、時として「悪いことの実現」を祈ることもある。それが呪詛であろう。そう考えると、神によって、ことばの力が発揮されたとみるのが自然であろう、と。

十二世紀後半には成っていたと考えられている観智院本《かんちいんぼん》『類聚名義抄《るいじゅみょうぎしょう》』という漢和辞書では、和訓「トコイ（トコヒ）」が幾つかの単漢字、漢字列に対応している（ただし「詛」のつくり「且」は、「旦」の形）。

1　詛　　トゴフ（法上・三十三丁裏七行目）

2　詛　　トゴフ（法上・三十七丁裏八行目）

3　呪詛　ノロヒ　トゴフ（仏下末・十丁裏一行目）

3の漢字列「呪詛」に配置された「ノロヒ　トゴフ」はひとまず「呪詛」に対して「ノロヒ」と「トゴフ」という二つの和訓を書いたものとみなしたが、「呪詛」の上字「呪」

に「ノロヒ」、下字「詛」字に「トゴフ」という和訓を対置させたとみることもできなくはない。「呪詛」全体と「ノロヒ」「トゴフ」とがそれぞれ対応しているのであれば、「ノロヒ」と「トゴフ」とは語義がちかい、とみなせそうだ。

## †「ウケイ」の語義の変化

『古事記』において「ウケイ」という語が使われている場面がある。

『古事記』上巻で「邇邇芸命《ニニギノミコト》」が「大山津見神《オオヤマツミノカミ》」の二人の娘のうち、「甚凶醜《イトミニクキ》（たいそう醜《みにく》かった）姉」の「石長比売《イワナガヒメ》」を返し、妹の「木花之佐久夜毘売《コノハナノサクヤビメ》」と一夜の交わりを結ぶ場面である。

姉の「石長比売」を返された「大山津見神」はそのことを恥じ、「わが娘を二人ともさしあげたわけは、石長比売をお使いなされば、あなたの命は、雪が降り風が吹いてもつねに石のように、堅く動かずにいらっしゃるだろう。また、木花之佐久夜毘売をお使いなされば、あなたは木の花が咲くようにお栄えになるだろうとうけいをして、差し上げたのです。このように、石長比売をかえらせて、木花之佐久夜毘売だけをとどめたために、あなたの御命は、木の花のように短くあられるでしょう」と言った。このために、今に至るまで、天皇たちの御命は長くないのである、という記事だ。この「木花（コノハナ）」は桜であると考えられている。「イワ（石・岩）」の恒久性と、「木花（コノハナ）」の美しさやはかなさとを対比的に描写し、また人間に寿命があることを説明した場面である。ここに「ウケイ」という語が使われている。

この話で使われる「ウケイ」は〈呪詛〉ではない。「ウケイ」の語義は〈なんらかのことがらの実現を祈誓《きせい》する〉と考えられている。「なんらかのことがら」だから、いいも悪いもない。

しかし、『伊勢物語』（三十一段）では、「罪もなき　人をうけへば　忘草《わすれぐさ》　おのがうへにぞ　生《お》ふといふなる」という和歌がみられる。この和歌の意味は〈罪もない人を呪うと、呪った人の身の上に忘れ草が生えるというではないか〉ということで、この「うけへば」（「うけう」）の語義は〈呪えば・呪うと〉であろうから、少なくとも「いいも悪いもない」ということではなくなっている。

あるいは、『源氏物語』藤袴巻に「ただならず思ひ言ひ、いかで人笑へなるさまに見聞きなさむとうけひ給《たまふ》人々も多く、とかくにつけてやすからぬことのみあるぬべきを」とある。ここでは玉鬘と源氏の仲を普通ではないと勘ぐって、言いふらし、どうかして物笑いの種にしようと「うけひ給人々」が多いという文になっている。ここでの「うけひ」も〈呪う〉にちかい語義で使われていると思われる。九条稙通《くじょうたねみち》（一五〇七〜一五九四）が著した『源氏物語』の注釈書である『孟津抄《もうしんしょう》』（天正三・一五七五年成立）はこの「うけひ」を「人をあしかれとおもふ事也」と説明している。

話を戻せば、「石長比売」を受け入れることによってゆるぎない永遠の生命を、「木花之佐久夜毘売」を受け入れることによって花のような栄えを手に入れられるように、「大山津見神」が祈っておいたのに、「石長比売」を受け入れなかったから、「ゆるぎない永遠の生命」が保証されなくなったのだから、これはやはり「ことばの力」を示す話柄《わへい》といってよいだろう。

## †『風土記』のことば

『続日本紀』の和銅六（七一三）年五月二日の条に載せられている詔命《しょうめい》にしたがって、六十余国が編集して提出した文書が『風土記《ふどき》』で、たとえば常陸《ひたち》国が提出したものは「常陸国風土記」と呼ばれる。詔命では、どのような内容を提出するか、ということについても指示があり、その指示の中に「山川原野の名の由来を示す」ということと、「土地の伝承を記す」ということが含まれていた。『古事記』は和銅五年に撰進されているので、その翌年のことだ。

「出雲《いずも》国風土記」に「猪麻呂《イマロ》」という人のむすめが、「ワニ」（サメまたはフカ）に食べられてしまったという話が収められている。「猪麻呂」は「天神千五百万はしら、地祇千五百万はしら」などの神々に「撎訴《オロガミウタエ》」（礼拝して）、「私にワニを殺させてください」と願い、それがかなえられるのであれば、御霊が神であることを認めようと祈ったという。すると、百あまりの「ワニ」が一つの「ワニ」を囲むようにして現われる。その囲まれている「ワニ」を鉾で突き、割くと娘の「一脛」（脚の膝下の部分）が出てきた。その後に、このできごとについての「評言」（コメント）は記されていないけれども、「猪麻呂」の娘を思う心情からの祈りと訴えを神がききいれたという話柄であることは確かだ。

ここでは神々に祈るということがはっきりと言語化され、それに神がこたえている。人間が神に向けて発したことばが神によって聞き入れられ、そのことば通りのことが実現する。まさしく「人間―ことば―神」という回路が成り立っていることになる。

## †アニミズムと擬人化

ここまでみてきたように、『古事記』や『風土記』には、神とのかかわりの中で、ことばが現実界に働きかけるような強い力を発揮する場面が描かれている。それは繰り返しになるが、「神とのかかわり」を背景にしてということだ。

ラテン語の「anima」は〈霊魂・生命〉という語義をもち、そこから派生した「アニミズム（animism）」という英語がある。これは十九世紀の後半にイギリスの文化人類学者であるE・B・タイラー（Tylor, Sir Edward Burnett）が『Primitive Culture（原始文化）』（一八七一）において使用した語で、一般的には、生物、無機物をとわず、すべてのものの中に霊が宿っているというように理解されることが多い。

ここでは「アニミズム」をどのように定義すべきかといったところには踏み込まず、一般的な理解に沿ってこの語を使うことにしたい。生物、無機物をとわず、すべてのものの中に霊が宿るのであれば、身のまわりにある自然物、たとえば、樹木や岩石などにも霊が宿り、人間が使っていることばにも霊が宿ることになる。

「コダマ」という語がある。現代日本語においては、英語「echo」〈反響・反響現象・やまびこ〉に対応する語義を持つ語として理解されているだろう。一九六四年一〇月一日に東海道新幹線が開通した時に、速いタイプの「ひかり」に対して、始発駅から終着駅まですべての駅に停車するタイプが「こだま」と名づけられた。この「こだま」の名称はもう少し遡る。昭和三十三（一九五八）年に、東京―大阪間の日帰り可能な電車「ビジネス特急」を設定するにあたって、一般公募して決まったのが「こだま」という名称だった。この時の応募第一位は「はやぶさ」であったが、「一日で行って帰ってくる」ということから「こだま」に決定されたとのことだ。

「コダマ」という語は十世紀に成った文献においては確認できるが、『万葉集』には使われていない。もともとは、「木霊」すなわち〈樹木に宿る精霊〉をあらわす語で、谷などでこちらから発した声がかえってくるのを、〈樹木に宿る精霊〉〈山の霊〉が答えているからと考えたところから、そうした反響（echo）をも「コダマ」と呼ぶようになったとされている。そうであれば、〈樹木に宿る精霊〉という語義の「コダマ」がまずあって、それからそれが〈反響（echo）〉という語義に転じたことになる。

大伴家持《おおとものやかもち》の「山彦の　相響《アイトヨ》むまで　妻恋ひに　鹿《カ》鳴く山辺に　ひとりのみし」（『万葉集』巻八雑歌‐一六〇二）にみえるように、『万葉集』に出てくる〈反響（echo）〉という語義をもつ語は「ヤマビコ」である。これは現代日本語でも同義だ。「ヤマビコ」は漢字列「山彦」によって文字化されることが多いが、「ヒコ（彦）」は、男子の美称であると考えられている。『古事記』にも「猿田毘古《サルタヒコ》」「天稚彦《アメワカヒコ》」のように「ヒコ」がつく神名が少なからずみられる。「ヤマビコ」は〈山の霊〉を男性として擬人化したものとみることができる。

ここまでのことを整理すると、〈反響（echo）〉をあらわす語「ヤマビコ」も「コダマ」も、アニミズム段階にうまれた語とみるならば、『万葉集』が成った時点で、どちらもすでに擬人化されるところまで至っていた。『万葉集』に「ヤマビコ」という語は使われていて、「コダマ」という語が使われていないのは、それがたまたま（と表現しておくが）『万葉集』の和歌では使われなかっただけということだろう。

冷静に考えれば、八世紀といえば、すでに大宝律令が成り、七一〇年には平城宮に遷都されるのであり、原始的な生活を営んでいたわけではまったくない。「アニミズム」的な感覚やそうした考え方は、なお継続しているであろうが、すでにそういう段階ではなかったということになる。あまり原始的なイメージと重ね合わせるのは見当違いであろう。

### †「コトダマ」と神やクニ（国）は不可分

樹木に霊が宿るように、ことばにも霊が宿る。それが『古事記』や『風土記』『万葉集』

の「ことばの力」を思わせる記述であろう。それらはむしろアミニズムの時代から「語り継がれていたことがら」ではないか。

『古事記』が撰進された七一二年に、日本武尊《ヤマトタケルノミコト》が日本列島を闊歩《かつぽ》していたわけではない。八世紀に成った『古事記』『日本書紀』『風土記』『万葉集』は、八世紀の日本列島の状況を描いたものではない。それはわかっているはずであるが、いつしかそうしたテキストの「語り」や「物語」に搦《から》めとられ、八世紀の日本列島をもっと前の状況と「誤認」してしまうことはないだろうか。

『万葉集』に三回だけ使われている「コトダマ」という語は、先に述べたように、「神とのかかわり」の中で使われているが、いっぽうで「クニ（国）」や「宮廷歌人」柿本人麻呂ともつながっている。少々荒っぽく「クニ（国）」を「国家」と言い換えるならば、「コトバ」に「霊」が宿り、力を発揮するというアミニズム的な「みかた・感じ方」だけでは「コトダマ」は成り立たない。もっと文化が成熟した「国家」とつながることが必須だった。「神」だけではなく「国家」ともかかわっている「神＋《プラス》国家」という段階になければ、「コトダマ」は成り立たないと考えるといいのではないだろうか。

言い換えるならば、「神＋《プラス》国家」という、「条件」が成立している「文脈（context）」においてのみ「コトダマ」は成り立つ。江戸時代の国学者はその「神＋国家」ということによって「コトダマ」という語に反応し、それが概念として変化したり肥大化したりして、ある「思想」として形を持つに至った。それが江戸時代以降の「コトダマ」（思想）ではないか。このことについては、第二章で順を追って考えてみたい。

## †『古今和歌集』の「人の心―言の葉―和歌」

『古今和歌集』には「仮名序《かなじょ》」と漢文の「真名序《まなじょ》」とが附されている。「仮名序」には次のようにある。

やまと歌は、人の心を種として、よろづの言の葉とぞ成れりける。世の中にある人、事、業、繁きものなれば、心に思ふ事を、見るもの、聞くものに付けて、言ひ出せるなり。花に鳴く鶯、水に住む蛙《かわず》の声を聞けば、生きとし生けるもの、いづれか、歌を詠まざりける。力をも入れずして、天地《あめつち》を動かし、目に見えぬ鬼神《おにがみ》をも哀れと思はせ、男女の仲をも和らげ、猛き武士《もののふ》の心をも慰むるは、歌なり。

ここでは、人の心が言の葉と成ったものが「やまと歌」である、すなわち、「やまと歌＝《イコール》和歌」は、「人の心」がことばとして形をもったものであると述べられている。そして、その「歌」は、力を入れなくても天地を動かし、目に見えぬ鬼神をも哀れと思わせると述べられている。

「真名序」には「動天地、感鬼神、化人倫、和夫婦、莫宜於和歌」（天地を動かし、鬼神を感ぜしめ、人倫を化し、夫婦を和すること、和歌より宜しきは莫《な》し）とあり、やはり和歌が力をもっていることが述べられている。その和歌は、人の心が言の葉と成ったものであるのだから、「人の心―言の葉―和歌」という図式で、ここでは「神」や「国」のかかわりは述べられていない。

「言の葉」が力を持っているというところを注視すれば、「アニミズム」的な感性といえるかもしれない。「和歌」が力を持っているとみれば、「アニミズム」とははっきりと離れていることになる。

### †平安時代の文献に「コトダマ」はみられない

『源氏物語』「手習巻」の冒頭ちかくに、横川の僧都が宇治院を検分する場面がある。大木の下に何かがうずくまっていることに気づく。それが何かということになった時、僧都は「これは人なり」と言い、さらに「たとひまことに人なりとも、狐、木霊やうの物の、あざむきて取りもて来たるにこそ侍らめ」〈たとえほんとうに人であっても、狐や木霊などが、その人をだまして連れて来たに違いない〉という。

ここでは、人をあざむくものとして、「狐」「木霊」が並列している。後には、「鬼か、神か、狐か、木霊か」という表現もある。こうした表現があることをもって、平安時代を素朴なアニミズムの段階とみることもあるが、はたしてそうだろうか。並列しているものが、同列とは限らないけれども、少なくとも「鬼」「神」「狐」「木霊」が並べられているということからすれば、淵源の異なるものが並べられているようにみえ、素朴な「アニミズム」とはいいにくい。

『源氏物語』にも「コトダマ」という語は使われていない。『今昔物語集』にも使われておらず、『古今和歌集』以下の勅撰和歌集にも使われていない。『日本国語大辞典』第二版も、十三世紀以降の「コトダマ」の使用例をあげていない。つまり、「コトダマ」という語は『万葉集』に三回使用された後、ほとんど使われていないということになる。

したがって、「アニミズム」と「コトダマ」とを結びつけ、そういうとらえかたがずっと続いていた、とみることには無理がありそうだということだ。「コトダマ」という語が使われていないのに、「コトダマ信仰」や「コトダマ思想」があったとみるのは、いかにも無理がある。

## †江戸時代に注目された古代語

日本語を古代語と近代語と、二つに区分する考え方がある。古代語は平安時代まで、近代語は江戸時代からで、その間を過渡期＝中世語の時代とみる。そうすると鎌倉時代が中世前期、室町時代が中世後期ということになる。つまり、江戸時代になると、平安時代までの日本語とは違う、ということがはっきり意識できるようになる。それだけ異なりが顕著になったということだ。

江戸時代になると、日本の古代についての関心が高まる。本居宣長は『古今和歌集』を江戸時代の「はなしことば＝口語」に置き換えた『古今集遠鏡《こきんしゆうとおかがみ》』という書物を著わす。それは、『古今和歌集』をかたちづくっている日本語が、今自身が口にしている日本語とははっきりと異なるということを認識したためであろう。「遠鏡」は「のぞきめがね」のことで、『古今和歌集』を「のぞきめがね」でみるということだ。それだけ、「距離」が生じているということだろう。

古代の日本はどうであったか、古代の日本語はどうであったか、ということへの強い関心は、自らの淵源を知りたいという欲求といってもよい。

古代の日本語や日本について知りたいとなれば、そうした時代について記されているテキストを精密によむ必要がある。契沖《けいちゅう》や賀茂真淵《かものまぶち》は『万葉集』を精密によもうとした、本居宣長は『古事記』を精密によもうとした、谷川士清《たにがわことすが》は『日本書紀』を精密によもうとした、というように、いろいろなテキストが研究対象となり、その研究によって古代の日本語、古代の日本のありかたが明らかになっていった。その中で、『万葉集』に使われた「コトダマ」という語についても考察がなされ、そうしたことが（おそらくは、といっておくが）一つの契機になって、古代についての考え方が醸成され、形成されていった。

第二章では、そうした動きがあった江戸時代に焦点をあててみたい。

第二章

# 江戸時代の言霊

## †古文辞派の解釈方法

「古《こ》文辞《ぶんじ》」という用語を聞いたことがあるだろうか。「古文辞」は、〈古代の文章〉ということだ。新たなテキストを作るに際して使う語は、先行する古典作品に使われている、典拠のある語によるべきであるという、中国における考え方であった。

中国の明代におこった擬古典主義の文学運動は古文辞を強く標榜し、文であれば秦・漢、詩であれば盛唐（唐文学の最盛期）の作品を規範として、それらで使われた語、格調にならうことが重視された。そうした運動の推進者が「古文辞派」と呼ばれるようになった。

日本において、「古文辞派」の考え方を積極的に受容したのが荻生徂徠《おぎゅうそらい》（一六六六〜一七二八）であった。徂徠は「古文辞派」の方法を文学作品制作だけではなく、経典解釈の方法にも使った。そして中国の古典テキストは、そこで使用されている語の、テキスト成立時の語義を知らなければ理解できないと主張するに至った。テキストをテキスト成立時の言語理解に基づいて読み解くという「方法」はまさしく文献学的方法といってよいものである。

「古文辞派」の方法は、契沖（一六四〇〜一七〇一）、賀茂真淵（一六九七〜一七六九）、そして本居宣長（一七三〇〜一八〇一）へと受け継がれていく。そうして江戸時代のテキストの解釈は、室町時代までと比して格段に精緻になった。

## †国学者の古文辞学

契沖、賀茂真淵、本居宣長というと「国学者」という語が思い浮かぶ。『広辞苑』第七版は見出し「こくがく（国学）」の語義を三つに分けて説明しているが、その③には次のようにある。

③　古事記・日本書紀・万葉集などの主に文献学的研究に基づいて、特に儒教・仏教渡来以前における日本固有の文化・精神を明らかにしようとする学問。近世学術の発達と国家意識の勃興に伴って起こり、契沖によって基盤が確立され、荷田春満《かだのあずままろ》・賀茂真淵・本居宣長・平田《ひらた》篤胤《あつたね》（国学の四大人）とその門流によって発展した。古学。皇学。くにつまなび。↔漢学《かんがく》。

『広辞苑』の説明を使ってことがらを整理してみよう。

「文献学的研究」とは、先に述べた「古文辞学の方法」を採り入れたということを指す。

「国学」を「儒教・仏教渡来以前における日本固有の文化・精神を明らかにしようとする学問」ととらえることはごく一般的であるが、「儒教・仏教渡来以前における日本固有」というところに、どの程度力点を置くかは人によって異なる。「儒教・仏教」と「日本固有」ということをどう対置するか、どのくらい主張するかによって、日本固有という位置付けが大きく変わる。また、「国家意識の勃興」と、さらりと述べられているが、国家という観点がどの程度かかわるかも重要な点になる。

国学という呼称は、江戸時代の最初からあったわけではない。本居宣長は、自身の著『うひ山ふみ』の中で、

「物学《ものまなび》とは、皇朝の学問をいふ、そもそもむかしより、ただ学問とのみいへば、漢学のことなる故に、その学と分むために、皇国の事の学をば、和学或は国学などいふならひなれども、そはいたくわろきいひざま也」

と「皇朝の学問」を漢学と区別し、「和学」「国学」という語のどちらも「そはいたくわろきいひざま也〈それはとても悪い言い方だ〉」と述べている。そうではあるが、本書では、ごく一般的に「国学」という語、「国学者」という呼称を使うことにする。

『広辞苑』には、「契沖によって基盤が確立され」とある。まず最初に契沖について述べておきたい。

## 文献学者としての契沖

『日本古典文学大辞典』第二巻（一九八四年、岩波書店）の見出し「けいちゅう（契沖）」には、その評価がわかりやすくまとめられている（阿部秋生執筆）。

契沖の研究方法が高く評価されるのは、中世風の歌学・神道の秘伝・秘儀を離れての自由な作品評価と、古書を証するには古書を以てする〈万葉代匠記《まんようだいしょうき》（惣釈・雑記）〉文献学の方法とをはっきり意識していて、それを『万葉集』、記紀歌謡以下の古典や国語、特に仮名遣いの研究に実践して見事な成果をあげたことにある。（略）

契沖は徳川光圀《とくがわみつくに》（一六二八〜一七〇〇）の命によって、『万葉集』の注釈書である『万葉代匠記』を著わした。初稿本は、貞享《じょうきょう》末年（一六八八）頃に、精撰本《せいせんぼん》は元禄《げんろく》三（一六九〇）年に成立している。

『日本古典文学大辞典』は契沖の業績を、次のように解説する。

契沖の著作では、注釈のみならずほとんどすべての場合に、国典のみならず漢籍・仏典を引用して古語・古文・古典の意味を解釈してゆく。その作業は、執拗《しつよう》にすぎると思われるほどではあるが、自由・透明で、平衡《へいこう》のとれた読解力と鑑賞力とに支えられた初一念ともいうべき実証的態度の一貫性を看取することができる。（略）契沖の没後に、その著作を通じて古典研究の眼を開いた研究者が多かった。いわば、この学風は、近世精神のもっとも正統的な展開の跡であると言い得る。これを国学というべきか否かについては議論もあるが、国典研究の当然の展開として、古代の文化・精神の闡明《せんめい》に深い関心をもっていたことは、その著書の随所に見えているのだから、これを国学と認めることに支障はないと思われるが、その業績の範囲からいえば、和学としておくべきかと思われる。

それでは、日本における実証研究の嚆矢《こうし》である契沖は、『万葉集』に三例だけ登場する「コトダマ」を、どのように解釈しただろうか。

「神代《かみよ》より　言ひ伝《つ》て来《く》らく　そらみつ　大和《やまと》の国は　皇神《すめかみ》の　厳《いつく》しき国　言霊《ことだま》の　幸《さき》はふ国と　語り継《つ》ぎ　言ひ継がひけり　今の世の　人もことごと　目《ま》の前に　見たり知りたり……」（巻五・八九四）について、契沖は次のように述べた。

「ことたまといへるも、神霊なり。神も鬼も、惣して目に見えぬ玉しゐのしるしあるをいふなり」〈コトダマというのも神霊のことだ。神も鬼も、すべて目に見えない魂（霊）の印（現れ）をいう〉。

「磯城島《しきしま》の　大和の国は　言霊《ことだま》の　助《たす》くる国ぞ　ま幸《さき》くありこそ」（巻十三・三二五四）については次のように述べている。

「ことたまはことのしるしなり。いはへはいはふかひのあるなり」〈コトダマはことばの力の現れである。祝うことばを口にすれば、祝うという効果があるのだ〉。

契沖の説明は、「コトダマ」を神とのかかわりにおいてとらえた説明といってよく、本書の「コトダマ」理解と重なる。ただし、契沖が「国・国家」ということを持ち出していないことには留意しておきたい。

## †本居宣長の『古事記』よみとき

『古事記伝』で本居宣長は漢字だけで書かれた『古事記』をどうよみといていったのだろうか。

『古事記伝　三之巻』（註2-1）における、『古事記』の神代巻の解釈をみてみよう。

「天地初発之時、於高天原成神名、天之御中主神、次高御産巣日神、次神産巣日神、此三柱神者、並独神成坐而、隠身也」という神代巻始めの表現を、宣長は次のようによむ。

「あめつちの初めの時、高天原《タカアマノハラ》に成りませる神のみ名は、天之《アメノ》御中主神《ミナカヌシノカミ》、次に高御産巣日《タカミムスビノ》神《カミ》、次に神産巣日神《カミムスビノカミ》、この三柱の神は、みな独り神成りまして、身を隠したまひき」

『古事記』が、中国語を一切使わない日本語、すなわち「和語のみによって構成されている日本語」の文で成り立っているのだと仮定すれば、「天地」は「何らかの和語」を文字化したものであることになる。そこで、目に見えている漢字列から、その「何らかの和語」を推測することが『古事記』をよむということになる。

宣長は冒頭の「天地」という漢字列について、「天地は、阿米都知《アメツチ》の漢字《カラモジ》にして」と述べた。「天地」とは現代中国語の発音（ピンイン）で示すと「tiandi」を文字化したものであり、「テンチ」であれば、中国語ということになる。しかし、宣長は漢字列「天地」は、和語「アメツチ」を文字化したものだとみている。

漢字列を起点として推測するということは、中国語側から「何らかの和語」を探るということである。しかし、中国語側に寄りすぎると、「漢意《カラゴコロ》にならひて釈《トク》*」ということになる。宣長はそれを避けようとした。

**＊漢意《カラゴコロ》にならひて釈《トク》ゆゑに、すべて当《アタ》りがたし、（略）漢意《カラゴコロ》を以テ釈《トク》ことの悪《ワロ》きをば、暁《サト》れる人も有て、古意《イニシヘゴコロ》もて釈《トク》とはすめれど、其将説得《ソレハタトキウ》ることは、猶稀《マレ》になむありける**

「天地」に関していえば、『万葉集』巻五に収められている八一四番歌に「阿米都知」と文字化された例が確認できる。

「阿米都知能《アメツチノ》　等母尓比佐斯久《トモニヒサシク》　伊比都夏等《イヒツゲト》　許能久斯美多麻《コノクシミタマ》　志可志家良斯母《シカシケラシモ》」〈あめつちの　共に久しく　言い継げと　この奇《く》し御霊《みたま》　敷《し》かしけらしも〉

宣長が「天地」を「アメツチ」とよみ「阿米都知」という文字をあてたのは、山上憶良《やまのうえのおくら》（六六〇〜七三三）による、この八一四番歌をふまえてのことと思われる。

「阿米都知」と文字化された例が確認できることによって、上代に「アメツチ」という和語が確実に存在していたことが確認できる。そのことをもって『古事記』の漢字列「天地」が「アメツチ」という和語を文字化したものではないかと推測する。これはいわば「筋の通った推測」である。

## †本居宣長の筋道

では「天地《アメツチ》」に続く漢字列「初発」を、宣長はどのような和語と対応していると推測して〈初めの〉と訓み下したのだろうか。

まず「初発」が一つのことばと対応しているかどうかもわからない。だが、宣長は名詞「ハジメ」と対応しているとみて、「天地初発」を「アメツチノハジメ」という和語を文字化したものとみたのだろう。

しかし、『古事記』の漢字列に対応しそうな和語の確実な使用例を『万葉集』などの文献によって裏付けられないことも当然ある。訓み下した表現が和語の表現として自然かどうかという観点もある。その場合は実証的ではないが、「おそらくこうした和語を文字化したものだろう」と推測することになる。

「天地」を「アメツチ」とよみ「阿米都知能」という文字を当てた宣長の解釈を「筋の通った推測」と表現したが、「初発」を「ハジメ」とよむ「推測」は「筋」が弱い。しかし、こういう「推測」をまったくしないで『古事記』がよめるかといえばそうはいかない。宣長は、中国語側から「何らかの和語を探る」という方法を退け、過去のテキストをよみこむという「和語側から、何らかの和語を探る」方法によって、『古事記』をよみとこうとした。宣長の判断のしかたは総合的であるので、ある程度の妥当性の中に落ち着いているといえよう。

## †宣長の解釈の限界

宣長の『古事記』解釈には、二つのポイントがありそうだ。

一つは、中国語と和語とを対立的にとらえ、漢意《カラゴコロ》、つまり中国語側からのアプローチを避けたことである。漢字は中国語を書くための文字であるが、日本語もまず漢字を使って文字化された。このことからすれば、中国語を書くための漢字によって残されている上代の文献をよみとこうとした時に、宣長が「中国語対日本語」という対立軸に直面せざるを得なかったのは当然のことであった。

漢意《カラゴコロ》と和語を対立的に配置すれば、次には「どちらがすぐれているか」という気持ちになりやすい。しかし、言語に関して「どの言語がすぐれているか」という議論はできない。どんな言語も等価値であるというのが言語学の起点だ（という話を筆者は毎年学生にしている）が、それは測定の基準がたてられないからだ。

できるだけ日本語側からよみとこうという宣長の試みも、むしろ自然なものといってよいが、この試みは「日本語は中国語よりもすぐれている」という「みかた」と結びつきやすい。そして、じっさい宣長の学を継承した人々の中には、その「みかた」が強くでてくることがある。

宣長の古事記解釈のもう一つのポイントは、どのように探っていくかという方法についてである。和語側から「漢字列をみて何らかの和語を探る」ということは、結局は「みえていないものを、みえていない側から探る」ということになる。「探る」がいつのまにか

「みえる」になることもないとはいえない。宣長の採った「方法」は、時に帰納的《きのうてき》ではなく、演繹的《えんえきてき》になっているようにみえる。

### †『詞八衢』の画期的な成果

本居春庭の『詞八衢』（二巻）は、文化三（一八〇六）年に成り、文化五年春に刊行された。父である本居宣長の『御国詞活用抄《みくにことばかつようしょう》』をもとに、さらに整理統合し、動詞の活用の種類と活用形の体系とを整理した点において、動詞の活用の研究上、画期的な著述である。現在でも高い評価を受け、今日の文法学説にも受け継がれている。明治生まれで、最後の国学者と呼ばれることもある山田孝雄《やまだよしお》（一八七五〔七三とも〕～一九五八）はその著『国語学史』（一九四三年、宝文館）において、「八衢は僅々《きんきん》二冊の小冊子なりといへども国語学史上不朽の大研究にして父宣長、富士谷成章《ふじたになりあきら》と名誉を争はしむるに足る大著述たりとす」（六七二頁）と高く評価している。富士谷成章（一七三八～一七七九）とは、第三章で取り上げる富士谷御杖の父親で、宣長と同じ頃に活躍した国学者である。

本居春庭の実績を具体的にいえば、動詞活用の型として、四段、一段（＝上一段）、中二段（＝上二段）、下二段の四種類と、カ変、サ変、ナ変の変格活用をたてたことである。現在いうところのラ変をラ行四段の特例として四段に含めた点、古語を観察対象として、下一段活用を認めていない点は現在の考え方と異なるが、それ以外はほとんど同じといってよい。

また、活用形には「続く形」と「切れる形」とがあり、「続く形」の場合には、それを受ける語に決まりがあることを明らかにしている。五種の活用形を定めて、アイウエオの段の順に配列し、活用図を作り、五十音図の各行にあてはめ、所属する語も列挙した。一つ一つの動詞の活用を確定している。

じっさいの使用例を検証し、その検証に基づいて活用体系を整理しまとめた点などは、徹底した実証主義といってよく、方法としても精密なものであった。

江戸時代末期の出版人である植松有信《うえまつありのぶ》（一七五八〜一八一三）は「詞のやちまた序《ハシブミ》」において、「これぞ言葉の道のこまやかなるすぢすぢわきまへたどるべき、いみしきしるべ書にはありける」〈これこそが、「言葉の道」の細やかな筋を理解し、追求していくためのすばらしい手引きである〉と『詞八衢』を絶賛した。「詞のやちまた序」末尾には文化三（一八〇六）年五月十三日の日付が記されている。（註2-2）

## †宣長・春庭父子と植松有信

植松有信は尾張藩士植松信貞の第五子として生まれ、名古屋で版木師《はんぎし》となった。本居宣長『古事記伝』の版刻、出版に携わり、『玉勝間』『鈴屋集《すずのやしゅう》』など、宣長の著作を多く版刻したことで知られている。

『古事記伝』の版下を担当したのは本居春庭だった。眼病におかされた春庭が、版下書きができなくなってからは、宣長の次女・美濃、門人の栗田《くりた》土満《ひじまろ》、植松有信、名古屋の書家である丹羽《にわ》勗《ばんかんし》が分担して書いている。

春庭は、寛政三（一七九一）年八月十日に眼病の治療のために、尾張馬島へ行ったということが、宣長の日記に記されている。寛政四年には馬島の明眼院に行く息・春庭に同行して、宣長も三月七日に名古屋におもむく。明眼院は、江戸後期から明治初期にかけて刊行された図説『尾張名所図会』に、その鳥瞰図が載せられている。

宣長はこの時、植松有信の家に泊まって、三月二十四日まで、名古屋の門人たちのために講義を行ない、二十七日に松阪に帰ったと考えられている。

宣長が記録した『名古屋行日記』（註2-3）によると、三月七日には『活語《かつご》断続譜《だんぞくふ》』『言語四種論』などで知られる鈴木朖《すずきあきら》が宣長を訪ねている。鈴木朖はこの時に、実質的に本居宣長に入門したと推測されている。

『名古屋行日記』には三月十四日から二十二日まで、日付のある記事がみられない。宣長が詠んだ順に和歌を載せた歌集『石上稿《いそのかみこう》』でも、その期間に詠まれた和歌の具体的な日付を知ることはできない。ただし、『石上稿』に「同 廿三日《にじゅうさんにち》植松有信家にてわかれの会兼題 藤」という詞書きの歌が載っており、さらに「日ころ屋とりける家のあるし植松有信にあたふ」として「花ならぬ人のなさけの色深み春よりをしき春の別路」という歌もあるので、その期間植松家にいたのは間違いない。

『名古屋行日記』には「植松有信主はとしごろ古事記伝板にゑる事をとりていといとまめやかに心いれて物せらるゝに」という記述があって、これらのことから、植松有信が『古事記伝』の彫板に携わっていたことがわかる。

「詞のやちまた序」で植松は、「哥《うた》よみ、ふみかく人はいふもさらなり。すべて、いにしへまなびにこゝろざゝむには、まづむねと詞の道にぞわけいるべき」〈歌を詠み文を書く人は、いにしえに学ぶために、ことばの道に分け入らねばならない〉と述べる。

そして、「詞の学び*」においては「五十連《イツラ》のこゑ」によって考えるべきだと述べられている。ここではその「五十連《イツラ》の音《コヱ》」は「人の口より」出るものであることもはっきりと認識されている。

**＊かれ詞の学びにしては、いはゆる五十連《イツラ》のこゑのたてぬきによりて、正し考ふべきなり。そもそも此五十連《コノイツラ》の音《コヱ》といふ物は、人の口よりいづる音《コヱ》のかぎりをつくして、たてはたてのまにまに、よこはよこのまにまに、ゆきとほりたらひてなむあれば、辞《コトバ》のすぢすぢ千《チヂ》にかよはせ、萬《ヨロヅ》に転《ウツロ》はせて、考へこゝろむるに、一としてまぎるゝことなく、あやしくくすしく妙なる物なりけり。**

植松有信は後に、宣長の遺骸を山室山《やまむろやま》（現三重県松阪市）に葬った「山室山送り」に付添い『山むろ日記』を書き残している。宣長の死後は春庭門下に入った。宣長の随筆『玉勝間《たまかつま》』の「後書」も植松有信が記している。『植松有信遺文集』（一九八一年、光書房）には、「詞のやちまた序」の板下原本一丁分と「玉勝間後書草稿本」一丁分の写真が載せられている。

### 霊妙な言語の力

『詞八衢』上巻は、植松有信による「詞のやちまた序」に続いて、次のように本文が始まる。

詞のはたらきはいかにともいひしらず、いともいともくすしく、たへなるものにして、ひとつことばも、そのつかひざまによりて事かはり、はたらきにしたがひて、意もことにきこえなどして、ちぢのことをいひわかち、よろづのさまをかたりわかつに、いささかまぎるることなく、（以下略）

「くすしく、たへなる」は「奇しく妙なる」ということで、「詞のはたらき」すなわちことばの力、機能が「霊妙」であることを述べている。ただし、春庭がそのように感じているのは、同じことばであっても、その使い方によってかわり、ことばの働きに従って意味が違ってくるということ、ことばが多くの事柄を「いひわかち」「かたりわかつ」ことができるという観察に基づいている。

そして、その「使い方によってかわる」ということについて検証し、考究しようという「方向」に興味を向け、エネルギーを注いでいく。その結果が『詞八衢』として成ったということだ。

春庭は、自動詞、他動詞について論じた『詞通路《ことばのかよいじ》』を文化十一(一八二八)年に出版しているが、その「本文」においても「くすしくたへなる」という表現を使っている(註2-4)。そこでは「あやしくくすしくたへなる」と表現しているが、重ねて「くすしきわさになむ有ける」と述べる。言語の精妙さを解明したいという気持ちが春庭を動かしていることがよく現われている。

ことば、すなわち言語に「霊妙な力」があると感じるところは、後に述べる「言霊音義学派」と同じかもしれない。しかし、そこから向かった「方向」が異なる。言語の観察、分析、検証に沈潜《ちんせん》したのが春庭であり、その手法は、言語分析の一つの方法として「国語学」に受け継がれたと考えられている。ただし、「国語学」が受け継いだ春庭の「方法」がはたして「日本語学」と呼ばれる現在の「学」に受け継がれているかどうか、そしてその「方法」がさらに未来に継承されていくかどうか、そこには危惧を感じる。

## †春庭による実証の背景

春庭の本の書名は『詞八衢』もそうであるが、『詞通路』も、いい書名だと思う。言語が「かよいじ」すなわち「回路」となって、使い手の「意」を伝える。言語は精密に構築されているから、精密な使用に耐える。ほんの少し違っていても、このように使えばこういう意味、そのように使えばそういう意味というように、「いひわかち」「かたりわかつ」ことができる。春庭は、それを実証的なやりかたで追究した。

第三章で採りあげる富士谷御杖が実証的でないというわけではないし、春庭が十分な考察をしていないということではもちろんない。しかし春庭はどちらかといえば、実証的であることを重視し、御杖はどちらかといえば考えぬくことを重視したといえるのではないだろうか。

筆者は「来るべき辞書のために」という、『日本国語大辞典』第二版の編集長であった佐藤宏さんとの「往復書簡」のかたちをとった、ウェブ展開している文章の中で、「しょうもないこと」にも筆者の中では「段階」があると書いたことがある。

おおまかにいえば、「何かしょうもないこと」を述べる場合でも、「ある程度根拠があること」「根拠を示すことはできないけれども、筆者のこれまでの感覚からすればそう感じること」「思い切った突飛なこと」という三段階がある。実際は、「根拠と感覚の間」「感覚と突飛の間」ということもあるが、まずはこんなところだ。

これを「〜と推測する」「〜と憶測している」「これは妄想だが」というような表現と結

びつけている。これまで書いてきたものでもおおよそそういう感じで「推測・憶測・妄想」という表現を使っている。

日本語の文をたくさん集めてきて、それを観察する。観察の結果「こういう傾向がありそうだ」と思うのは「ある程度根拠があること」すなわち「推測」だ。「推測」は「蓋然《がいぜん》性《せい》」(probability)がたかい、ということでもある。「蓋然性」がさがってくると「憶測」ということになり、憶測よりもさらに「蓋然性」がさがってしまえば「妄想」ということになる。

つまり、「実証」といういわば「重し(抑止力)」によって、「憶測」や「妄想」という、論理からの「飛躍」(と、ひとまずいっておくが)を抑えているという「みかた」ができそうだ。

しかしまた、「妄想」も大事だと筆者は思っている。軽やかな「妄想」、悪くない。「蓋然性(probability)」と対になるのは「可能性(possibility)」だ。夏目漱石が講義中に教壇の上で逆立ちをする「可能性」はある。しかしその「蓋然性」は極めてひくい。そうではあっても、ことがらを「可能性」の側から考えることも大事だ。

春庭は「蓋然性」側に身を置き、御杖は「可能性」側に身を置いた、と表現していいかどうかとも思うが、そういう「みかた」はできるのではないか。「古への人はおのづからわきまへて用ひ、たかふることはなかりつるを後の世となりてはやうやうにみだれ」(『詞八衢』)ていったのだから、『詞八衢』にしても『詞通路』にしても、観察対象が「古言」であることはいうまでもない。

　春庭は実際の文例に基づいて「判断」をしているが、江戸時代の日本語を、いわば母語としている春庭の「内省」も当然はたらいているはずで、「実際の使用例に基づく帰納的観察＋内省」という「方法」であったといえよう。これが先に述べた「国語学が受け継いだ方法」であった。

「実際の使用例に基づく帰納的観察」は誰にでも精密にできるわけではない。誰がするかによって、「観察」に差がでるだろう。しかし、精度を別にすれば、「観察」はできる。また「内省」も、的確にはたらかせる必要があるが、「的確かどうか」を別にすれば(思弁的、哲学的な思索は誰にでも、というわけにはいかないが)、「内省」もできなくはない。『国語学大辞典』(一九八〇年、東京堂出版)の見出し「詞八衢」(尾崎知光執筆)には『詞八衢』の出版以後、「八衢派」と呼ばれる書が続出したと述べられている。それは、まずは『詞八衢』の主張そのものがわかりやすい「かたち」にまとめられていることによると考えるが、「内省」については、春庭と日本語を共有している人々が、自身の「内省」を重ね合わせることができたために、「こうではないか」という検証がしやすかった、ということがあったのではないかと「憶測」する。これはあるいは筆者の「妄想」というべきかもしれないが。

### †『詞八衢』をよむ——ことばの渉猟者

『詞八衢』が「八衢派」を生み出したことにも留意しておきたい。『詞八衢』は言語についての著述であるから、いわば「メタ言語」テキストだ。「言語に（人を動かす）力がある」ということは、言語そのものの観察によって、観察者が感じることであろう。しかし、『詞八衢』を読むと、言語が精妙なものであることが実感できる。そうした実感は「言語に（人を動かす）力がある」という「感覚・心性」につながっていくのではないか。その結果、『詞八衢』が人を動かし、「文法研究」に人を誘《いざな》う。そうして誘われた人々が「八衢派」を形成していく。これも「ことばの力」だ。

筆者は『詞八衢』を二セット所持している。一つは上巻の表紙に「甲部」「第廿八号」という蔵書票が貼ってあり、そこに「宮脇／乾□（□は判読できていない）／蔵書」という蔵書印がおされている。現時点ではこの「宮脇乾□」がどのような人物であるかわかっていない。

しかし、『詞八衢』のような本を整理して所持していた人物であることはわかる。表紙の裏には、「ホシノブンコ／ショウワ20ネン5ガツ／ホシノユキノリサマノ／ゴキフサレタモノ／カナモジカイ（もともとは分かち書き）」と記された紙が貼られ、中央に「カナモジカイ」という朱のスタンプがおされている。

「ホシノユキノリ」は、広岡浅子（日本女子大学の創立者としても知られる実業家）の知遇を得て広岡商店に入り、後に「仮名文字協会」の設立にかかわった星野行則（一八七〇～一九六〇）である。星野行則が『詞八衢』を所持していたことをどうとらえるか、ということがまずありそうだが、それは措《お》くとして、この本には夥《おびただ》しい書き入れがある。

図1は上巻十七丁表であるが、「四段の活詞」が十五丁表から列挙されている箇所である。列挙されている動詞の左側に朱筆及び墨で、漢字が添えられており、その漢字によって、挙げられているのがどのような語であるか、わかりやすくなっている。朱筆と墨とは、同時に書き込まれたのではない、とみるのが自然であろう。

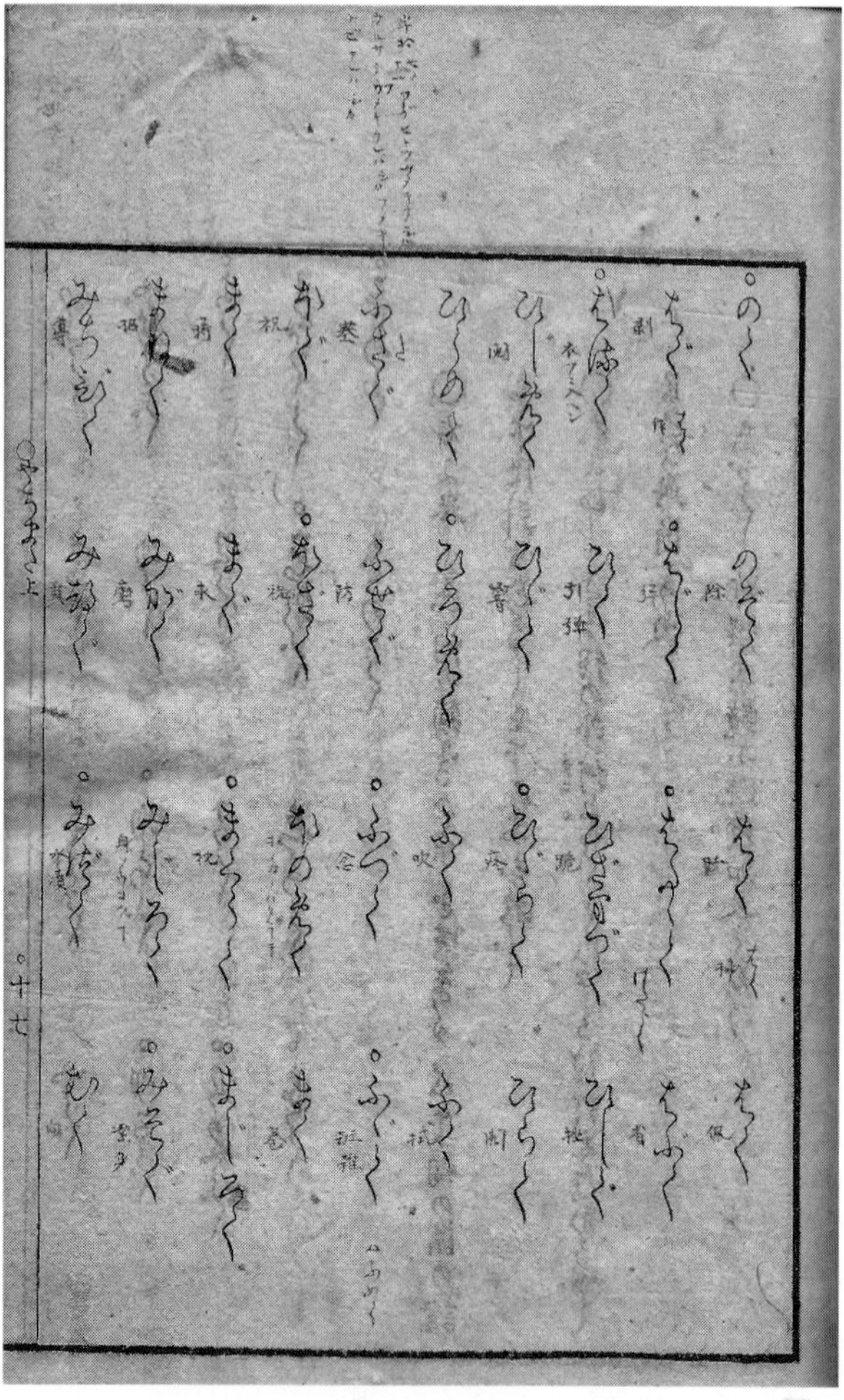

図 1

## †読者も「ことばの渉猟者」

例えば六行目の一番下に「ふゞく」とあり、左側に朱墨で「斑雑」とある。その下には「△ふめく」とあるが、これは後にふれる。「フブク」というと、現代日本語においては、「雪が風にはげしく吹かれて乱れ降る」（『日本国語大辞典』見出し「ふぶく」語義⑵）という語を想起するであろうが、そもそもは「風がはげしく吹く。はげしく吹き乱れる。また、雨などがはげしく降る」（同前、語義⑴）という語義をもっていた。

そして、漢字列「斑雑」は（おそらく、といっておくが）、『日本書紀』巻第二十四、皇極二年十一月の、蘇我入鹿《そがのいるか》が斑鳩宮《いかるがのみや》を襲撃した時の記事中において、山城大兄王《やましろのおおえのおう》を「カマシシのヲヂ（山羊の小父）」と言ったのは、「而喩山背王之頭髪斑雑毛似山羊」（山背王《ヤマシロノミコ》の頭髪《ミカミ》、斑雑毛《フフキ》にして山羊に似たるに喩《タト》ふ＝山背王の頭髪がまだらで乱れており山羊のひげに似ていると喩えた）という箇所で、「斑雑毛」に「フフキ」という振仮名を施していることに基づいて書き込まれていると推測する。

もしもこの推測どおりであるとすれば、書き込みの背後には、相応の「知の集積」があることになる。現在であれば、漢字列「斑雑」をインターネットで検索すれば、手がかりになる情報にたどりつくことができそうであるが、そうした集積、探索《リサーチ》の方法がない時代には、『日本書紀』を読んで脳内に記憶というかたちで蓄積するか、抜き書きのようなものを作って文字化して脳外に蓄積するかしかない。『日本国語大辞典』第二版の「表記」欄をみても、「フブク」と「斑雑」との結びつきは確認できない。

「フブク」の上には「ふづく」とあり、左側にはやはり墨で「忿」字が書き込まれている。「フヅク」は現代日本語ではほとんど使わない語であるが、『日本国語大辞典』は、第二拍が清音の「ふつく」を見出しにして、対応する漢字としては「憤・恚」を示し、「〔「ふづく」とも〕怒る。腹を立てる。ふつくむ」と説明する。そして、使用例として、「日本書紀〔720〕神代上（兼方本訓）「此の神、性《ひととなり》、悪《さかな》うして常に哭《な》き恚《フツク》を好む」＊和英語林集成（再版）〔1872〕「Fudzuki, ku, ita フヅク」」と掲げている。「表記」欄には「【憤】言海」とある。

『日本国語大辞典』が『日本書紀』の訓の他に、『和英語林集成』（再版）しか掲げていないからといって、「フヅク・フツク」がこれら以外の文献において使われていないとは、もちろんいえない。しかし、広汎な文献にあたって、編集されている『日本国語大辞典』が『日本書紀』の訓や『和英語林集成』（再版）以外の文献を示していないことからすれば、多く使われた語ではない、という推測はできるだろう。筆者は、『和英語林集成』はどこからこの語を見出しとして取り込んだのだろうとまず思うが、それはそれとして、やはり『日本書紀』の訓にみえる語形であった。

「『日本書紀』の訓」は、『日本書紀』そのものに使われた、ということではないことに注意する必要があるが、テキストとしてとらえれば、「恚」字の訓として「フツク」が施されている『日本書紀』のテキスト、ということになる。

また、上部欄外には墨で「宇拾　七ノ十一　アブヒトツフメキテ云々／ウルサクウメキケレバ云々フメキ／トビアレハ云々」と書き込まれている。「ウメキケレバ」の「ウ」の右側には「フ」とある。「宇拾」は『宇治拾遺物語』と思われる。これは「わらしべ長者」のもとになったような話柄で、「長谷寺参籠男、預利生事」（長谷《はせ》寺参籠《でらさんろう》の男、利生《りしょう》に預かる事）というタイトルが附されている話の中に、「蝱一ぶめきて、かほのめぐりに有を、うるさければ、木の枝を折りて払捨つれども、猶ただ同じやうに、うるさくぶめきければ、とらへて腰をこの藁すぢにてひきくくりて、枝のさきにつけて持たりければ、腰をくくられて、ほかへはえ行かで、ぶめき飛まはりけるを」とあることをふまえた書き込みであろう。書き込んだ人物はおそらく「ブメク」ではなく第一拍清音の「フメク」という動詞ととらえ、それが『詞八衢』に採りあげられていないために、書き込んだと思われる。

「斑雑」二字のことであるが、こうしてみると、墨で書き込みをした人物は、『日本書紀』をよみ、『宇治拾遺物語』をよみ、それを脳内か脳外か、いずれかに「情報」として留めている人物ということになる。

「言霊」ということと離れているように思われる方もいるだろう。しかし、やはり言語によって記しとどめられている『日本書紀』『宇治拾遺物語』といったテキストに目を通し、渉猟《しょうりょう》し、ことばを「情報」として保持している人物、そしていわば文法書である『詞八衢』を精読する人物は、「ことばの渉猟者」であるといってよいはずだ。なぜことばを渉猟するかといえば、「ことばの力」を感じ、それがさまざまなかたちでテキストに現れていることを翫味《がんみ》することができるからであろう。『詞八衢』はそのように、人をことばに導くのではないか。そして、そのように導かれた人々が「八衢学派」を形成していくのではないか。

**†『詞八衢』の蔵書票**

さて、筆者が所持しているもう一つの『詞八衢』の表紙にも、やはり蔵書票が貼られている。そこには「所有者　竹乃舎（三崎）」とある。インターネットを使って調べてみると、同じ蔵書票が貼られている本が少なからずあることがわかる。例えば、早稲田大学図書館に蔵されている、本居宣長『源氏物語玉の小櫛』（中野幸一旧蔵）の表紙にも同様の蔵書票が貼られている。同じく早稲田大学図書館に蔵されている「源氏物語　言幸舎書入」と呼ばれているテキストは「九曜文庫」という蔵書印がおされている。これも早稲田大学の中野幸一名誉教授の蔵本であったことがわかる。そのテキストの末尾には「言幸舎門人中川清之ぬしかうつしもたりし本をかりて写しつ／明治二十一年三月五日／三崎民樹」と記されている。このテキストの表紙にも先に述べたのと同じ蔵書票が貼られており、題簽には「言幸舎／書入　源氏物語」とある。

「言幸舎《ことさちのや》」は富樫廣陰《とがしひろかげ》の号であるので、当該テキストは、富樫廣陰の書き入れがなされていた『源氏物語』を、富樫廣陰の門人であった中川清之が写して所持しており、そのテキストを三崎民樹が明治二十一年三月五日に写したもの、ということになる。つまり「竹乃舎（三崎）」は三崎民樹が自身の所持していたテキストに貼った蔵書票であることになる。三崎民樹には『日本紀講義　神代巻』（一九〇六年、皇典講究所國學院大學出版部）という著述がある。三崎民樹が「言幸舎門人」の所持しているテキストを借り出すことができることからすれば、「言幸舎」と何らかの関係を有していたとみることができる。

國學院大學が発行している『校史』十三号（二〇〇一年八月二十九日発行）には「三崎栄三氏寄贈「三崎民樹旧蔵資料の紹介」」という記事が載せられている。それによると、三崎民樹は「文久二年十一月十三日伊勢国桑名郡香取村の松田忠市の次男として生まれ、明治十六年、県社桑名・中臣神社祠官、三崎葦牙の養子とな」り、明治十年には皇典講究所に入学し、皇典講究所講師國學院雑誌編輯《へんしゅう》主務などをつとめている。

## 書き込みをしたのは誰か

図2は「四段の活詞」を掲げている箇所（上巻、二十一丁裏）であるが、上部欄外にも匡郭《きょうかく》内にもおびただしい書き込みが墨と朱とでなされている。

上部欄外に朱筆で「波行／〇下二段ニモハタラクカ／物語ナドニナヘタルキヌナ／ド云ルヿ《コト》オホシ廣」とある。その真下の匡郭内「本文」には、四段活用動詞「なへぐ」が採りあげられているが、朱筆は、「物語」例えば『源氏物語』帚木巻《ははきぎのまき》に「なえたる衣《きぬ》どもの、厚肥《あつご》えたる、大いなる籠《こ》にうちかけて」などとあることをふまえて、下二段活用動詞もあ

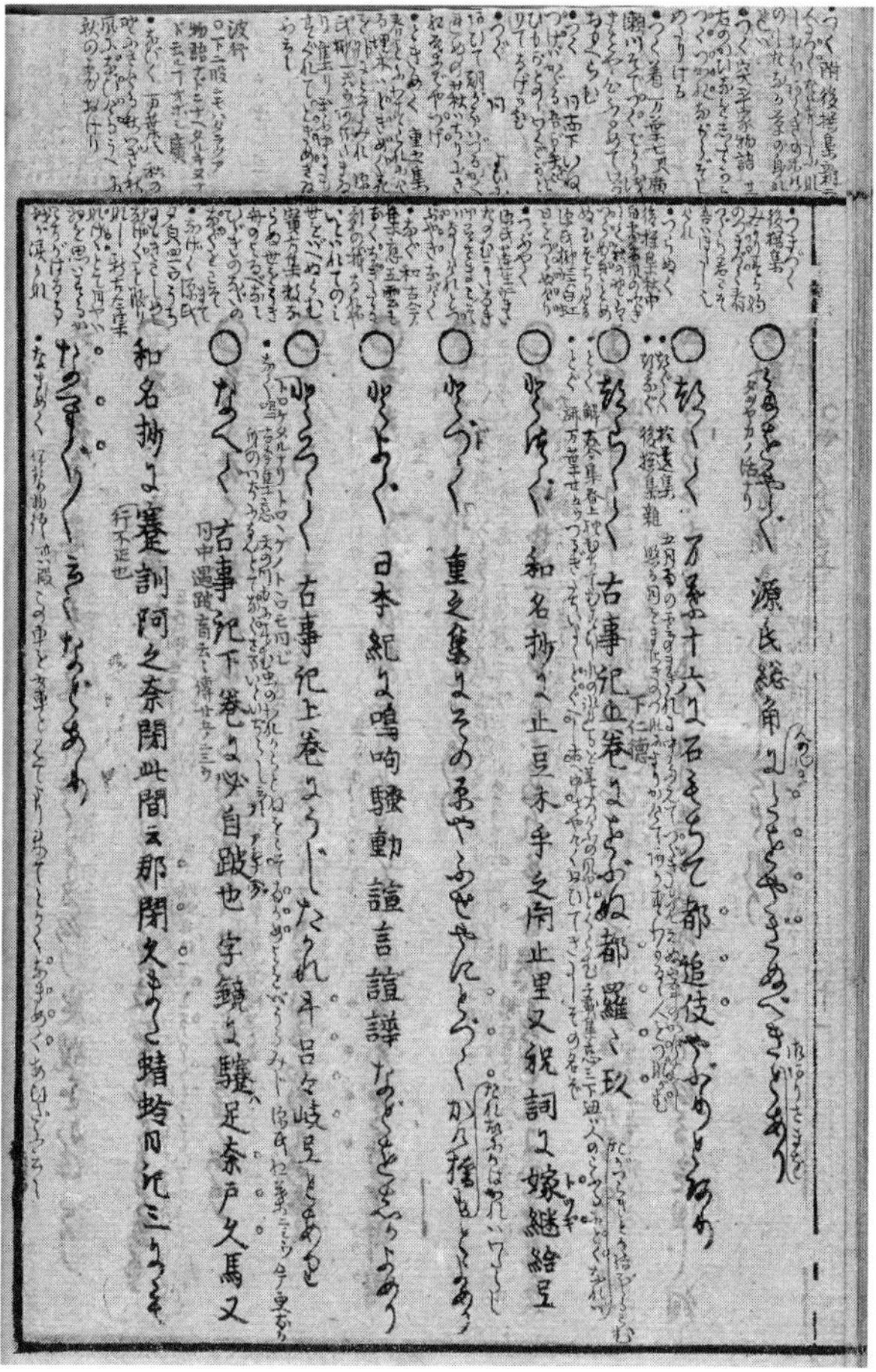

図2

るのではないかという疑問を呈している。その末尾に「廣」とある。

朱筆は、『詞八衢』の記述の訂正、あるいは疑問、補足的説明などを示していることが多い。例えば、『詞八衢』が採りあげている「マクラク」については、「カヅラスルヲカヅラクト云ト同ジク枕スルヲマクノラクト云ナリ廣」（上巻、二十二丁裏）と書き込まれている。

墨筆と朱筆とは同筆にはみえない。右で採りあげた上部欄外の朱筆による書き込みは、「なへぐ」の真上に書き込まれていて、その両側に墨筆による書き込みがあることからすれば、このテキストには墨筆より前に朱筆による書き込みがあったとみるのが自然であろう。その朱筆による書き込みがあったテキストに、後に墨筆によって書き込みがなされた。朱筆による書き込みは、端正な字で丁寧に書き込まれている。

「廣」は誰かということであるが、先に述べたように、筆者が所持しているテキストに貼られている蔵書票「竹乃舎（三崎）」が三崎民樹のもので、三崎民樹がなにほどかにしても「言幸舎」すなわち富樫廣陰につながっているとすれば、「廣」が富樫廣陰である蓋然性はたかい。

富樫廣陰（一七九三〜一八七三）は、文政三年（一八二〇）に本居大平《おおひら》（宣長の養子）に入門し、同五年五月には松阪で本居春庭の門人となり、『詞八衢』の学説を自身のものとして伊勢や美濃、淡路を巡って学説を教導して歩き、春庭から「八衢醜男《やちまたしこお》」と呼ばれたという。春庭の『詞通路』にも協力したことが指摘されている。

この朱筆の書き込みが富樫廣陰自身のものかどうかはわからないにしても、富樫廣陰の起点も『詞八衢』であった。

## †『詞八衢』と言霊音義学派のつながり

『言幸舎門中千百人一首』（安政四年刊）巻末の「言幸舎塊老翁著述書目録」に『言霊幽顕論』という書名がみえている。この『言霊幽顕論』は出版されておらず、写本が幾つかの大学図書館に所蔵されている。

図3は筆者の所持している『言幸舎門中千百人一首』巻末の目録である。虫損がかなりある本である。

ここには『古今集遠鏡霧払』という書名もみるが、これはテキスト自体の存在が確認されていない。本居宣長が『古今和歌集』を口語訳した『古今集遠鏡』という著作があるので、『古今集遠鏡霧払』とは、その『古今集遠鏡』の「霧を払う」すなわち問題点を指摘

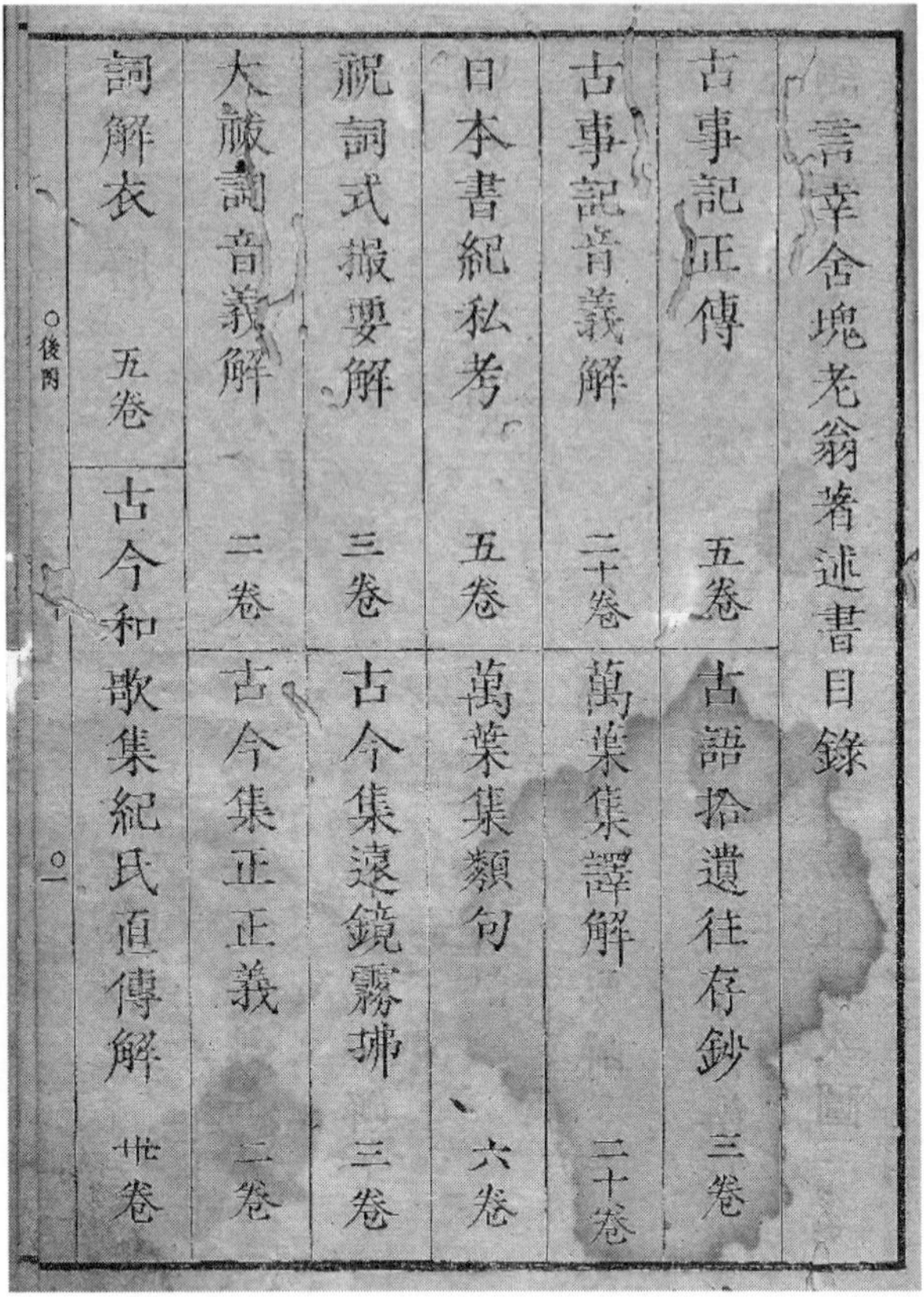
言幸舎塊老翁著述書目録

古事記正傳　五卷
古語拾遺往存鈔　三卷
古事記音義解　二十卷
萬葉集譯解　二十卷
日本書紀私考　五卷
萬葉集類句　六卷
祝詞式撮要解　三卷
古今集遠鏡霧拂　三卷
大祓詞音義解　二卷
古今集正正義　二卷
詞解衣　五卷
古今和歌集紀氏直傳解　卅卷

○後附　二

図3

| | |
|---|---|
| 玉霰はゑてれすさひ　二卷 | 五十音義　二卷 |
| 詞八衢蹈分　全 | 言靈幽顯論　五卷 |
| 詞通路奥槃　三卷 | 神國音韻考　二卷 |
| 辭玉襷　再板一枚摺　全 | 韻鏡皇國用法　五卷 |
| 詞玉橋　七卷 | 韻鏡捷見　全 |
| 神家至要祝詞案　二卷 | 韻鏡索字要決　折本　全 |
| 民家祭神要略　全 | 字音假字格追考　全 |

し、自身の見解を述べた書のようにみえるが、『詞八衢』は、その延長線上に言霊音義説的な発想がうまれていることに留意しておきたい。

『詞八衢』がまかりまちがえば、言霊音義説になる、と述べたいのではない。それだけ「ことばの力」は強く、ことばを使う人間にはたらきかけるということだ。『詞八衢』及び「八衢学派」と「言霊音義学派」とは表裏一体、コインの表と裏との関係のようだ、と言ったら言い過ぎだろうか。

## †江戸時代の分析的な観察

本居春庭の著作は江戸時代に出版され、そうしたテキストが少なからず現存している。また活字化されてもいる。しかし、例えば富樫廣陰の全集があるわけではなく、著述はほとんど出版されていない。江戸期に出版されていないので、明治期の活字テキストもない。富樫廣陰を祖述したといわれている後述の堀秀成《ほりひでなり》の著作も同様で、現在においても、彼らの著述を読むのは容易ではない。「言霊音義説」なんてとんでもない説だと笑うことはたやすい。しかし、右のような状況からすれば、丁寧に著述を読んで、検証されていないのではないかとも思う。冷静な検証は必要であろう。

明治になって、博言学が日本にもたらされる直前、国学と呼ばれた「学」が江戸時代に起こり、明治期になった時にどのような到達を見せていたか、ということの検証は、今やっておくべきことのように思われる。

図4は表紙に「詞八衢翼図」と書かれている仮綴じの小冊の奥書きであるが、「この図は詞八衢補正図に合せ見るへき／為につくれるもの也委しくはおのか／ける日影鬘といふものによりて志るへし／堀秀成／望月倉之助受」と記されている。

堀秀成（一八一九〜一八八七）は富樫廣陰に師事し、音義説の研究で知られ、皇大神宮の禰宜《ねぎ》や明治期には伊勢神宮や金刀比羅宮で教師を務めた国学者である。「琴舎」を号とすることがある。『仮字本義考』『音義本末考』『古言音義考』『言霊妙用論』『音図大全解』などの著書が知られている。

現代では、堀秀成を「言霊音義説」の主張者とみることが少なからずある。しかし例えば、「詞八衢翼図」という著作の名称からしても『詞八衢』につながるものであるし、内容も動詞の活用表といってよい。

言語を分解的、分析的に観察していくと、日本語であれば仮名にたどりつく。仮名は日本語の音節に対応している音節文字であるので、仮名にたどりついたということは音節に

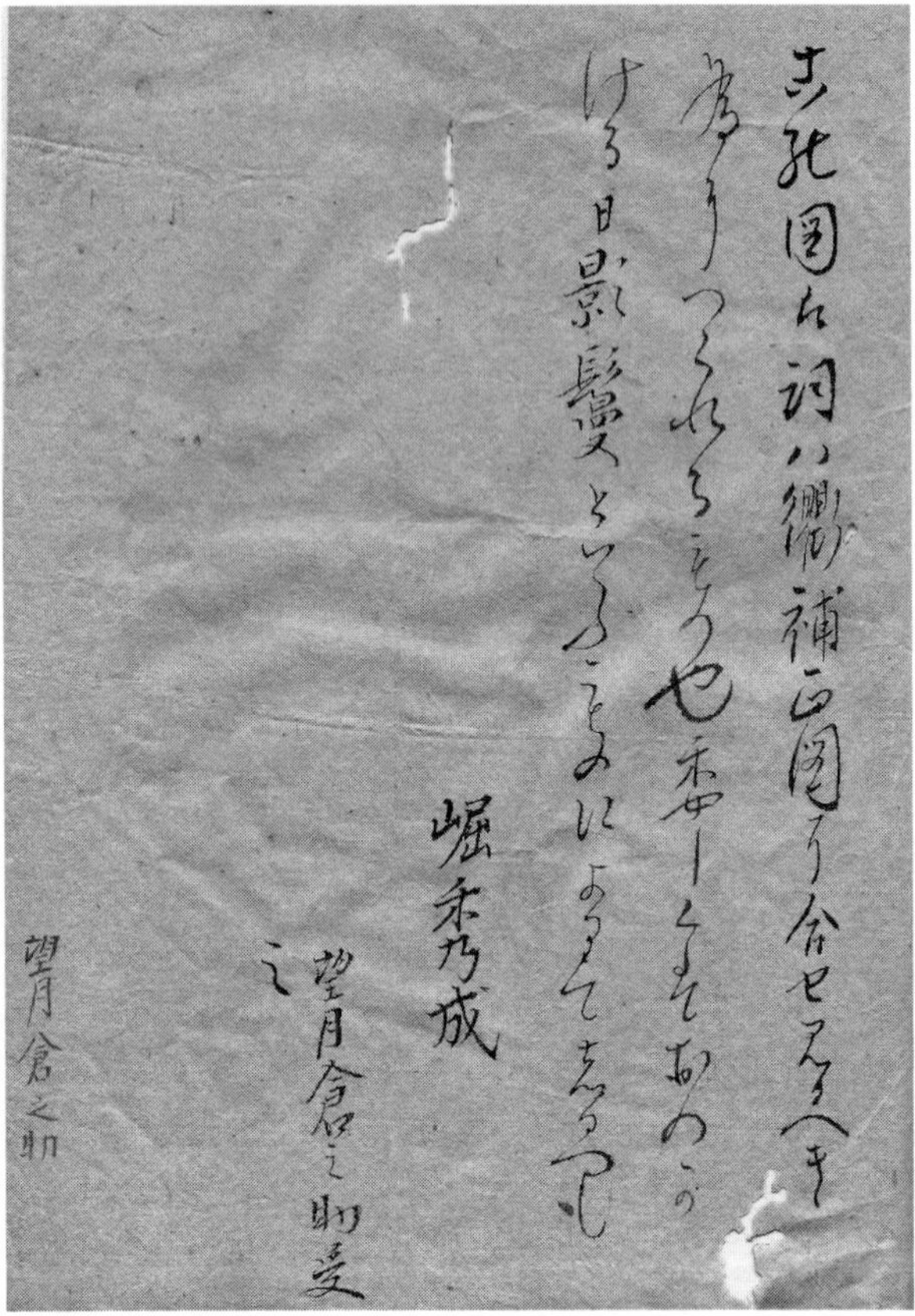

図4

たどりついたということでもある。現代の用語でいえば、「五十音図」と照らし合わせることによって、音節が母音と子音の結びつき（五十音図の行と段）で成っていることが、何となくにしてもわかってくる。

堀秀成は、「コ」という仮名について『音図大全解』三之巻で「引付ケ窄《すぼ》ムル象」と述べる。そして「引き付るは久の音の義、窄むるは於の音の義なり」と述べる。秀成によれば、カ行は「久（ク）」を基本として、その「久」と「於（オ）」とによって、「コ」という音が成り立っている。それぞれの「義」が合わせられて「コ」のいわば「基本義」のようなものが定まっているとみなす。その「基本義」が「引付ケ窄ムル象」だ。「久」の音の義も一つではなく、それと「於の義＝窄る」とが組み合わせられると「親ク窄ル義」ができあがり、これも「コ」の義ということになる。

音義だけでなく、「語義＝語の意味」を考えるにあたっても、語の構成を考え、語を分解していく。語は、一拍の語と二拍の語に分解でき、一拍の語は「母音のみの一拍」と「子音＋母音の一拍」がある。一拍の語も「語」であるから「語義＝語の意味」がある。「母音のみの一拍」は、そのまま一つの「母音」であり、となると「母音」そのものに「意味」があるというみかたとあまり変わらない。

『万葉集』をよみとこうとした賀茂真淵は、著書『語意考』において、「足《ア》の音せず行かむ駒もが葛飾の真間の継橋《つぎはし》やまず通はむ」（『万葉集』三三八七番歌）のように、「アシ」に対応する語が「ア」という語形で使われている例があることを「下を略」したものと述べている。これは現代における理解と通じる。

一方、同じ『語意考』において「九月を奈我月《ナガツキ》と云は、伊奈我利月《イナガリツキ》の上下を略《ハブ》きいへり、稲は九月に苅をさむる也」と述べている。ここでは「ナガツキ」を「イナガリツキ」の「イ」と「リ」とを略したものとみている。これは現代における理解とは異なる。

真淵の日本語の理解の、あるものは現代と通じ、あるものは現代と通じないということは、「そういうこともある」ととらえて、ここでは真淵が、語を分解的にとらえて、語源的なものを探るという「方法」を、一貫して採っていることに注目しておきたい。

このように語を分解していくことによって、一拍の語というものにたどり着き、その語義を考えることになる。これは「音義」的なとらえかたの〝すぐ隣〟であるといってもよい。

またもう一方で、いわゆる文法的な観察も進んだ。それは、終止形「書く」と連用形「書き」は、送り仮名「く」と「き」が違う、という具合に、文法的な観察も、結局は語形の違いに注目することになる。

仮名を単位として考える以上「五十音図」とのかかわりは深く、また同じ語を考えるにあたっては、語義をとらえる必要がある。助詞、助動詞は一拍あるいは二拍であることが多く、係助詞「は」の機能や語義をとらえようとすると、あたかも仮名「は」の意味を考えているようになる。

このように考えると「五十音図」「音節文字としての仮名」「語義」「助辞＝てにをは」の観察は、相互に深くかかわりあっており、言語単位を小さく設定する分解的な観察においては、重なり合いがある。これをあえて「分析的な観察」と言い換えておきたい。

## †ことばと霊妙な力とが結びつく危険性

さて、先に、文化三（一八〇六）年五月十三日の日付が附された、植松有信「詞のやちまた序」と春庭の『詞通路』上巻冒頭とを引用して示した。『詞通路』は文政十一（一八二八）年には成立していたと目されている。両者の間の隔たりは二十二年ほどであるが、後者には「すめら御国の言葉のいともいともあやしくくすしくたへなる事」とある。「すめら御国」は〈天皇が統治する国・皇国〉ということだ。

「言語に霊妙な力がある」という「みかた」と、「皇国のことばに霊妙な力がある」という「みかた」はまったく異なる。前者は、中国語にも日本語にも英語にも「霊妙な力がある」という「みかた」であるが、後者は「皇国のことば」を特化した上で、その言語に「霊妙な力がある」という「みかた」である。

第一章において、『万葉集』で使われている「コトダマ」という語は、神、国家とのかかわりの中で使われていることを確認した。そうした意味合いでは『詞通路』における春庭の「心性」は真の意味合いでの「コトダマ」と重なり合いをもっているともいえよう。

筆者は毎年、大学で二年生に「日本語学概論」の講義をする。半期の講義を終えて、学生に感想を書いてもらうと「ふだん何気なく使っている日本語が複雑な仕組みの上に成り立っていることがわかった」というような感想が多い。それに「日本語は難しい」が加わり、「そういう日本語を使いこなしているのはすばらしいことだ」が加わることもある。「何気なく」ではなく「なにげに」と書かれていた時には驚いたが、それももうだいぶ前のことだ。「日本語学概論」だから、もちろん日本語について話しているので「日本語が」でいいのであるが、できれば「言語が」と思ってほしい。そしてもしも「難しい」というのであれば、日本語のみがそうなのではなくて、いかなる言語も難しいと思ってほしい。

そして、「使いこなしているのはすばらしい」と感じることはいいけれども、それも人間一般のこととしてとらえてほしいと思う。

言語は共有されて成り立つ。だから共有し、使っている人がいる。共有し、使っている人々は「民族」というかたちを成していることが多い。それゆえ、言語は「民族」ということと結びつきやすい。そうだとすると、「日本語」についての思索が「日本民族」ということの思索と結びつきやすいのは自然なことになる。

言語に「霊妙な力がある」ことを感じ、認めると、その言語を使っている民族を称揚したくなる。しかし、それはどの言語、どの民族についても成り立つ「みかた」であるのだから、結局は「だからこの民族がすばらしい」ということにはならないはずだ。

## †異国の意識

中国語＝漢語を日本語と対置させ、中国語＝漢語を退けたのは、本居宣長の「心性」(の一つ) といえよう。その宣長の「心性」が漢籍に沈潜したことの帰結であると、いわば「喝破」したのが中国文学者の吉川幸次郎（一九〇四〜一九八〇）であった。そうした宣長の「心性」は春庭の『詞通路』に滲み出てきているともいえるだろう。

そして時局もまた、ある「心性」を帯びていた。

本居宣長の『古事記伝』は寛政十（一七九八）年に完成するが、同じ年に、近藤重蔵《こんどうじゅうぞう》、最上徳内《もがみとくない》らは択捉島《えとろふ》の探査を行なっている。六年後の文化元（一八〇四）年にはロシア使節のレザノフが長崎に来航して通商を求めるが、幕府はこの要求を拒絶する。以後、ロシア船が北海道近辺に出没するようになり、文化五（一八〇八）年には間宮林蔵《まみやりんぞう》が樺太《からふと》探検を行なう。同年、長崎港にイギリス船が侵入したフェートン号事件が起こる。文化十四（一八一七）年には、イギリス船が浦賀に来航し、翌文政元（一八一八）年にはイギリス人ゴルドンが浦賀に来航して通商を求める。文政八（一八二五）年には異国船打ち払い令がだされ、同十一（一八二八）年にはオランダ商館付医官が国禁の日本地図を国外に持ち出そうとしたシーボルト事件が発覚する。

ロシアやイギリスといった「異国」の船の出没などは、「外国」を意識させたはずで、外国が意識されれば、それと対置する概念「内国」すなわち「日本という国」を強く意識させたであろう。

## †江戸時代の五十音図

「詞のやちまた序」には「五十連《イツラ》のこゑ（音《コヱ》）」という表現がみられる。今でいう「五十音」と考えてよいであろうが、江戸時代にはすでに「五十音図」があった。「江戸時代には」と述べたが、天台宗の僧侶であった明覚《みようがく》（めいかく、一〇五六?〜一一二二?）が著わした『反音作法』という書物に「五十音図」が載せられていたことから、平安時代にはすでにそれは（ひろく知られていたということではなくて特定の分野においてではあるが）あったことがわかっている。

図5にア行からラ行までを示したが、これは契沖の『和《わ》字正濫鈔《じしようらんしよう》』に載せられている「五十音図」である。「ゴジュウオンズ（五十音図）」という用語は、この図で始めて使われたと考えられている。『和字正濫鈔』は元禄八（一六九五）年に刊行されている。

僧侶であった契沖は、古代インド語であるサンスクリット語＝梵語及びそれをあらわす文字や梵字に関して研究する「悉曇学《しつたんがく》」すなわちサンスクリット学を学んでおり、右の「五十音図」もそうした悉曇学をふまえて成ったものと思われる。五十音図に続いて契沖は「右の図梵文に准《なぞ》らへて作れり」とはっきりと述べている。

「安《あ》・以《い》・宇《う》・江《え》・遠《を》・加《か》・左《さ》・太《た》・奈《な》・波《は》・末《ま》・也《や》・良《ら》」は、現在も使っている漢字が使われているが、カ行〜ラ行のイ〜オ段には見馴れない漢字が置かれている。『和字正濫

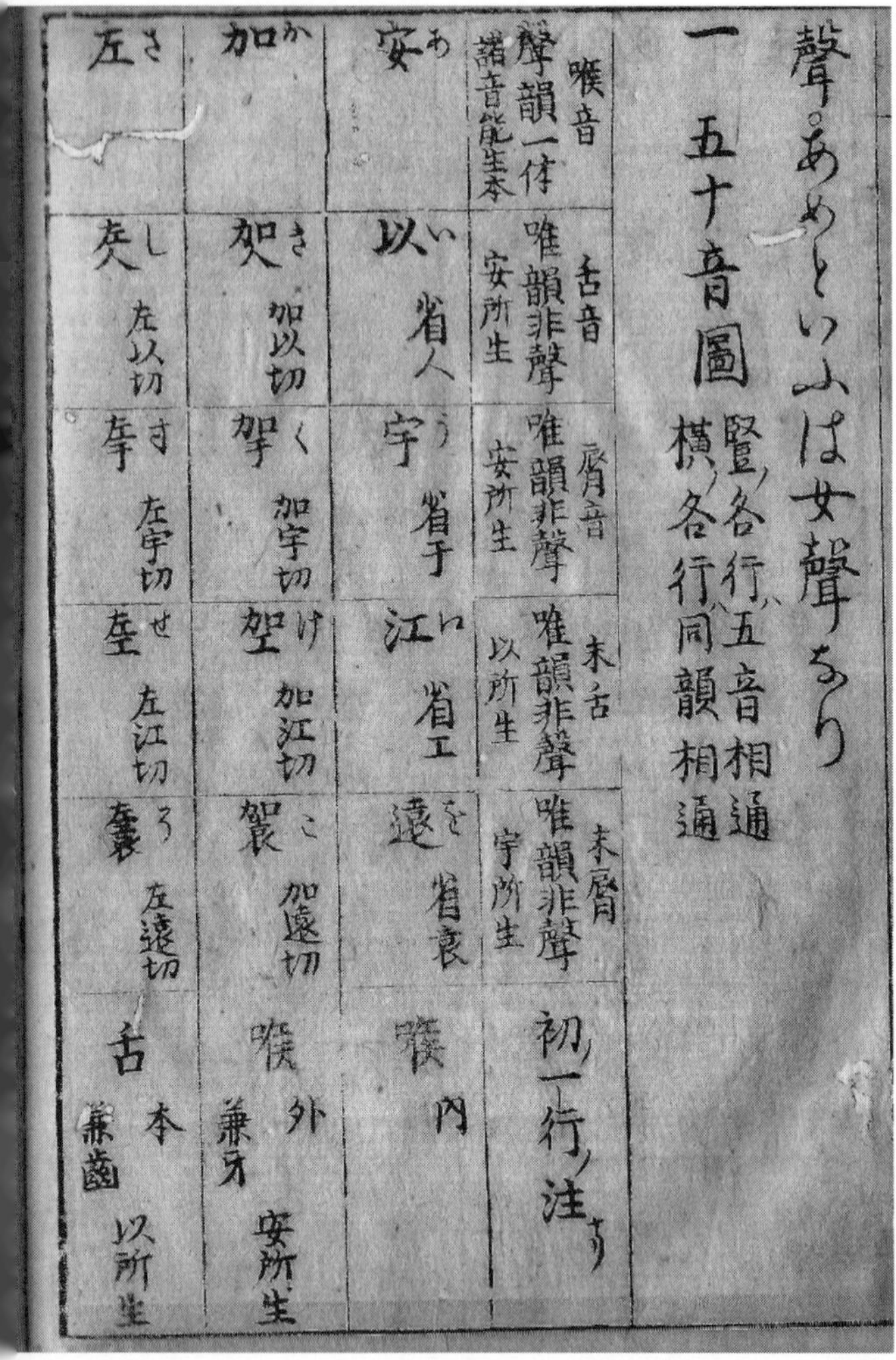

聲。あめといふは女聲なり

一 五十音圖 竪ノ各行ハ五音相通 横ノ各行ハ同韻相通

| | | | | | |
|---|---|---|---|---|---|
| 喉音 聲韻一体 諸音能生本 | 舌音 唯韻非聲 安所生 | 脣音 唯韻非聲 安所生 | 末舌 唯韻非聲 以所生 | 末脣 唯韻非聲 宇所生 | 初一行ノ注なり |
| 安《あ》 | 以《い》 省人 | 宇《う》 省于 | 江《え》 省工 | 遠《を》 省袁 | 喉内 |
| 加《か》 | [illegible]《き》 加以切 | [illegible]《く》 加宇切 | [illegible]《け》 加江切 | [illegible]《こ》 加遠切 | 喉外 兼牙 安所生 |
| 左《さ》 | [illegible]《し》 左以切 | [illegible]《す》 左宇切 | [illegible]《せ》 左江切 | [illegible]《そ》 左遠切 | 舌本 兼齒 以所生 |

図5

| | | | | | |
|---|---|---|---|---|---|
| た 太 | な 奈 | は 波 | ま 末 | や 也 | ら 良 |
| ち 太人 太以切 | に 奈人 奈以切 | ひ 波人 波以切 | み 末人 末以切 | い 也人 也以切 | り 良人 良以切 |
| つ 太宇 太宇切 | ぬ 奈宇 奈宇切 | ふ 波宇 波宇切 | む 末宇 末宇切 | ゆ 也宇 也宇切 | る 良宇 良宇切 |
| て 太江 太江切 | ね 奈江 奈江切 | へ 波江 波江切 | め 末江 末江切 | 江 也江 也江切 | れ 良江 良江切 |
| と 太遠 太遠切 | の 奈遠 奈遠切 | ほ 波遠 波遠切 | も 末遠 末遠切 | よ 也遠 也遠切 | ろ 良遠 良遠切 |
| 舌 中 以所生 | 舌 末 兼鼻 以所生 | 脣 内 輕 宇所生 | 脣 外 重 宇所生 | 喉 兼舌 遍口 安 以所生 | 舌 巻舌 遍口 以所生 |

鈔』巻一には次のように記されている。句読点と振仮名を適宜補って引用する。

凡《およそ》、人の物いはむとする時、喉《のんど》の内に風あり。天竺には此風の名を優陀那《うだな》といふ。此風、外の風を引て、丹田に下り、腎水《じんすい》を撃《うち》て声を起す時、齗《ぎん》、歯《し》、脣《しん》、頂《ちやう》、舌《ぜつ》、咽《えん》、胸《く》の七処に触れ、喉内、舌内、脣内の所転に依て、種々の音声ありといへども、其数五十音に過ず。唯人間のみならず、上は仏神より下は鬼畜に至るまで、此声を出す。又唯有情のみにあらず、風の木にふれ、水の石に触るるたぐひの非情の声までも、これより外に出る事なし。

右では「日本語」とさえ述べておらず、「人間のみならず」「有情のみにあらず」「非情の声までも」「五十音図」におさまるとみている点には注目しておきたい。もちろん契沖の観察し、整理したのは日本語の音声である。しかし、契沖は、それを悉曇学の学びに基づいて整理し、言語音のみならず、いかなる音声もこの図で説明ができると考えていた。契沖にとっては、この「五十音図」が現在の「国際音声字母」(International Phonetic Alphabet)(IPA)の表のようなものであったことになる。

契沖を「グローバル」という用語で語るのは「おかどちがい」かもしれない。しかし、

「国」「国家」というような観点にからめとられていない点は評価してよいだろう。「五十音図」中で、「見馴れない漢字」を使ったのは、それが契沖なりの「音声記号」であったためと思われる。

## 契沖の五十音整理

契沖が悉曇学から「五十音図」を整理したことは多くの人が指摘しており、いわば定説といってよい。ここで一つおさえておきたいのは、悉曇学では、表音文字である梵字を「字母」の表として整理することである。

「字母」は「摩多《また》」「体文《たいもん》」「重字」に分かれ、「摩多」は「通摩多《つうのまた》」十二字、「別摩多《べつのまた》」四字に分かれ、「体文」は「五類声《ごるいじょう》」二十五字と「遍口声《へんくのしょう》」八字とに分かれ、「重字」は「同体重字」一字と「異体重字」一字とに分かれ、合計五十一字母となる。『悉曇字記』は五十一字母を示すが、『金剛頂経』では五十字母で、少し違いはある。そして、その一字一字に「字義」が設定されている。例えば「ウ」にあたる梵字の字義は「譬喩」、「アイ」にあたる梵字の字義は「自在」というように、字ごとに字義が設定されている。

このことが後の「音義説」に影響を与えていることが推測される。

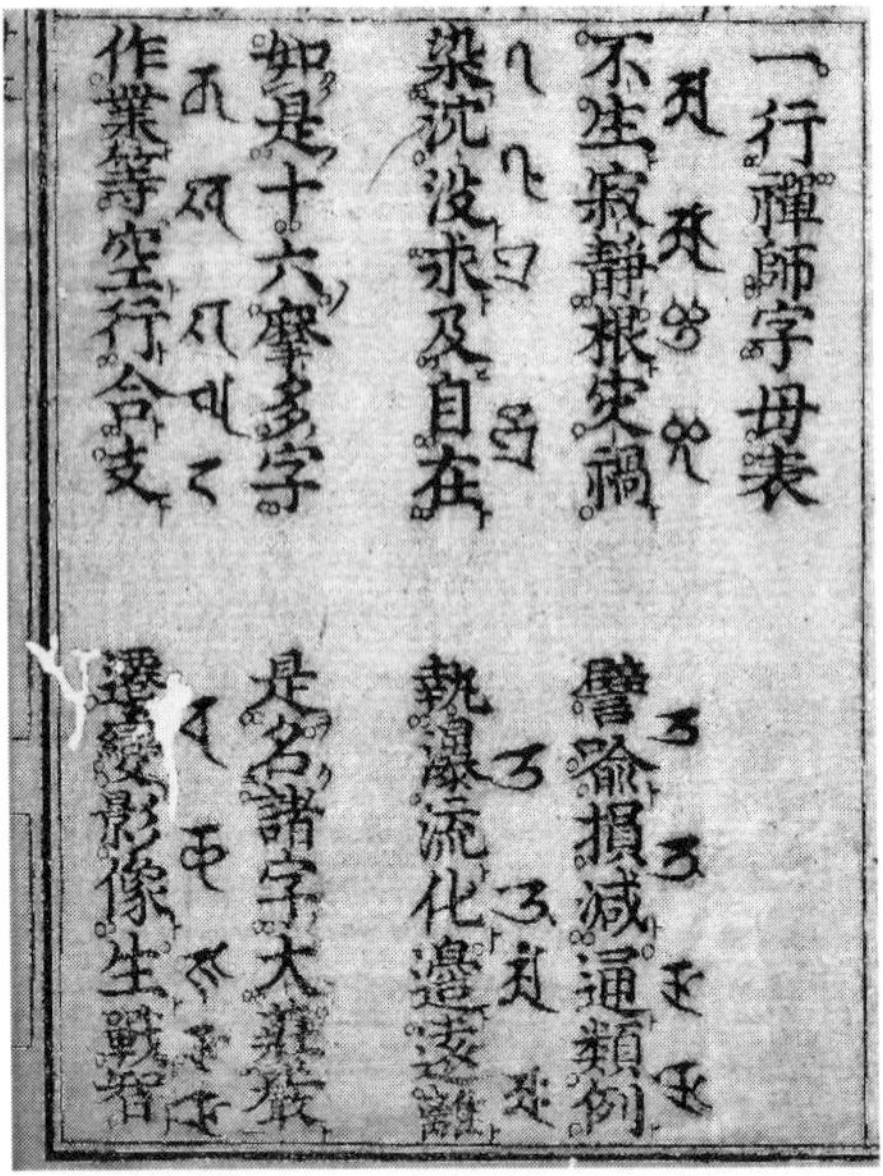


図6

図6は『字母表便覧』（享保四年刊）の一部であるが、「染沈没求及自在」とあって、「アイ」にあたる梵字の字義が「自在」と示されている。「リョ」が「染」、「リョー」が「沈没」、「エー」が「求」である。

契沖より後の時期でいえば、荷田春満も漢字で書いた五十音図を残している。漢字で書かれていることからすれば、「万葉仮名の一覧表」とみるべきかもしれない。この一覧表がいつ作られたものか、何を意図したものかについては不明であるが、とにかく五十音図と呼べそうなものが残されている。

また、谷川士清『日本書紀通証』（宝暦十二・一七六二年刊）巻一の「附録」として「倭語通音」という名称の表が示されている。「倭語通音」という名称から、日本語についての表とみてよいだろう。

図7は、音韻学者として知られる学僧の文雄《もんのう》(一七〇〇〜一七六三)の『和字大観抄《わじたいかんしょう》』(宝暦四・一七五四年刊)であるが、「日本音韻開合仮字反図」と名づけられている。そのことからすれば、この図も日本語についての表とみてよい。

このように、十八世紀の半ば頃になると、「五十音図」が日本語の音声を整理した表としてとらえられるようになっていたと思われるが、その認識は十全なものではなかった。また、図7で示した「五十音図」をみると、ア行に「を・ヲ」、ワ行に「お・オ」が置かれていることがわかる。

本居宣長『字音仮字用格』(安永五・一七七六年刊)には「おを所属弁」という条があり、宣長は、ア行に「お・オ」、ワ行に「を・ヲ」が置かれるべきことを説いている。また同条において「五十連音図ハモト悉曇字母ニ依テ作レルモノ」と述べている。宣長の言説は精緻で、間然《かんぜん》するところがないが、言説中では「御国」「御国人」という表現がしばしば使われている。

なお、富士谷御杖の父・成章も、その著『あゆひ抄』(安永七・一七七八年刊)において、

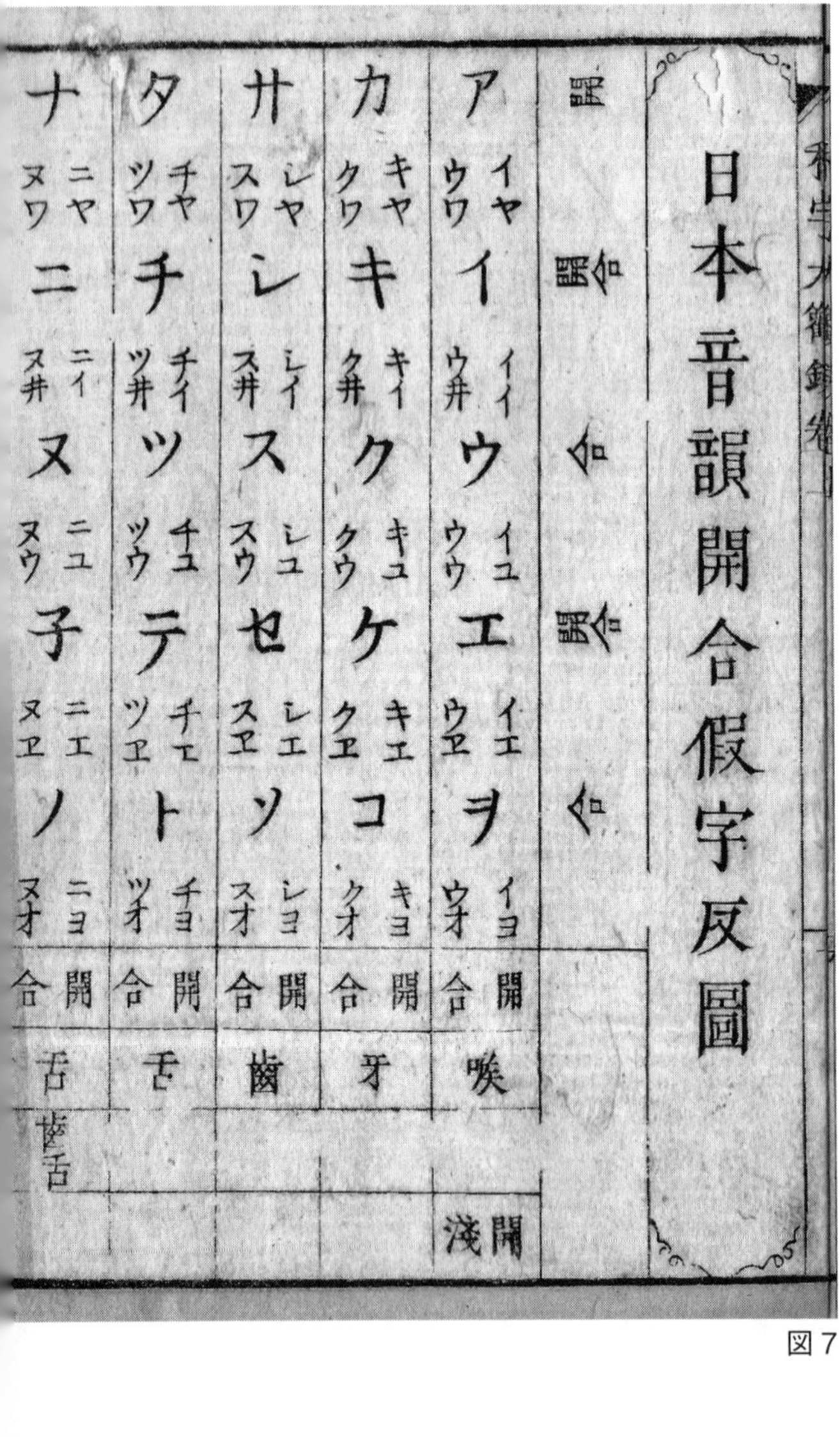

# 日本音韻開合假字反圖

| | 喉 | 牙 | 齒 | 舌 | 舌 |
|---|---|---|---|---|---|
| 開 | ア | カ | サ | タ | ナ |
| | イヤ ウワ | キヤ クワ | シヤ スワ | チヤ ツワ | ニヤ ヌワ |
| 開合 | イ | キ | シ | チ | ニ |
| | イイ ウヰ | キイ クヰ | シイ スヰ | チイ ツヰ | ニイ ヌヰ |
| 合 | ウ | ク | ス | ツ | ヌ |
| | イユ ウウ | キユ クウ | シユ スウ | チユ ツウ | ニユ ヌウ |
| 開合 | エ | ケ | セ | テ | 子 |
| | イエ ウヱ | キエ クヱ | シエ スヱ | チエ ツヱ | ニエ ヌヱ |
| 合 | ヲ | コ | ソ | ト | ノ |
| | イヨ ウオ | キヨ クオ | シヨ スオ | チヨ ツオ | ニヨ ヌオ |
| | 開 合 | 開 合 | 開 合 | 開 合 | 開 合 |
| | 開淺 | | | | 齒舌 |

図 7

| | | | | | | | | | | | | | |
|---|---|---|---|---|---|---|---|---|---|---|---|---|---|
| ハ | ヒヤ フワ | ヒ | ヒイ フ井 | フ | ヒユ フウ | ヘ | ヒヱ フヱ | ホ | ヒヨ フオ | 開 合 | 唇 軽 | | |
| マ | ミヤ ムワ | ミ | ミイ ム井 | ム | ミユ ムウ | メ | ミヱ ムヱ | モ | ミヨ ムオ | 開 合 | 唇 重 | | |
| ヤ | イヤ ユワ | イ | イイ ユ井 | ユ | イユ ユウ | エ | イヱ ユヱ | ヨ | イヨ ユオ | 開 合 | 喉 | | 開合 浅深 |
| ラ | リヤ ルワ | リ | リイ ル井 | ル | リユ ルウ | レ | リヱ ルヱ | ロ | リヨ ルオ | 開 合 | 舌 | 舌歯 | |
| ワ ハ | 井ヤ ウワ | 井 ヒ | 井イ ウ井 | ウ フ | 井ユ ウウ | ヱ ヘ | 井ヱ ウヱ | オ ホ | 井ヨ ウオ | 開 合 | 喉 | | 合 深 |
| ア | | イ | | ウ | | エ | | ヲ | | 開音 合音 | 五音 | 七音 | 喉音浅深開合 |

アワヤ喉《コウ》タラナ舌《ゼツ》カ牙《ケ》サ歯音《シオム》ハ一まハ唇《シン》の軽重

ア行に「お・オ」、ワ行に「を・ヲ」を置いている。

## †賀茂真淵『語意考』の「心」

賀茂真淵の『語意考』が出版されたのは寛政元（一七八九）年だった。「語意」は「コトバノココロ」を文字化したものと思われる。〈語《ことば》の意味〉ではなく〈語の心〉であることには留意しておきたい。

『語意考』は冒頭「ひとつ（一つ）」という条で、まず「日のいつる国」「日さかる国」「日のいる国」を分ける（註2-5）。「日の出ずる国」は日本、「日さかる国」は中国、「日のいる国」は天竺（インド）を指す。「サカル」は〈離れる・隔たる〉という語義である。

真淵は「日さかる国」＝中国と「日の出ずる国」＝日本とを対置させながら自らの言説を展開させていく。「日さかる国」中国においては、「万《ヨロ》つの事にかたを書てしるしとする」と述べる。「かた」は〈かたち・絵〉ということで、右では〈文字〉と考えてよい。〈中国は、すべてのことを文字に起こしている〉ということだろう。

「日出る国」日本においては「いつらのこゑのまにまに、ことをなして、よろつの事をくちづからいひ伝へるくに也」と述べる。〈日本人は「人の心」がすなおであるので、「事」

が少なく、それにしたがって「言」も少ない。「事・言」が少ないから惑うこともないし、忘れることもない。「いつらの音《コヱ》のみ」で足りる〉と述べている。「日のいる国」インドにおいては、「日のいる国は、いつらはかりのこゑにかたを書て、万つの事にわたし用る国なり」という。

ここでは、中国もインドも「かた」を使う。しかし日本では「(イツラノ)「音《コヱ》のみ」で足りる」という言説だから、文字よりも音を重視している。この点については、従来充分に留意されてこなかったのではないだろうか。「五十聯音《イツラノコヱ》」すなわち「五十音図」は文字によって記されているが、文字の表なのではなく、「音」の表であると認識されている。この点には注目しておきたい。

『語意考』は「ことはしむるこゑ」「ことうごかぬこゑ」「こと動くこゑ」「ことおふするこゑ」「ことたすくるこゑ」という表現を使う。別の箇所では「はしめのことば」「うごかぬことば」「うごくことば」「おふすることば」「たすくることば」として登場するが同じものである。

あるいは「初言」「体言」「用言」「令言」「助言」とも呼ばれており、真淵は、ア段、イ段、ウ段、エ段、オ段をそのように位置付けて呼んだ。この「初・体・用・令・助」は、後にも受け継がれていく。

## 音に注目する

「よつ（四つ）」という条では、「他の国の字《カタ》を用ゐざりし代」について言及している。これは漢字によって日本語を書くようになる前の「代」を指す。「日本に無文字時代があった」という認識は、現在においても当然のものとまではいえないのではないか。仮名がうまれる以前、漢字によって日本語を書いていたことは周知のことがらであるにしても、さて、それではそれより前は？　と問われた時に、「無文字時代があった」と即答できるだろうか。

「ある人」は文字を使わなければ、時空を超えて、言語を伝えることはできないのではないかと問う。それに対する答えは、先に述べたようなことの繰り返しで、「日本人は心が素直で事も言も少ない」は、問いに対する答えにはなっていないであろう。それはそれとして、ここで真淵がみているのは、漢字を使うようになる以前の日本、日本語であるということだ。それゆえ、「音」を重視している。

そして「ことばの国の天地の神祖《カムロギ》」が「教へ給ひし」ものが「いつらのこゑ（五十音）」

で、それは他の国にはないものであることが述べられている。日本語で使っている音が「五十音図」というかたちに整理されたことは、とにもかくにも、日本語で使っている音についての意識を高めたと思われる。「霊妙な力をもつことば」が五十音図というかたちに整理され、それが「国」という意識と結びつき、「言霊の幸はふ国」という表現に向かう。

ここまでに掲げた「五十音図」は縦に五段、横に十行のかたちに整理されている。こうした表によって、「行」あるいは仮名一字と対応する「音節」といった言語単位についての意識が高められたことは予想できる。こうした意識に基づいて、いわゆる「音義説」がうまれたと思われる。

## †国学者の「音義説」評価

「音義説」について、『日本古典文学大辞典』第一巻（一九八三年、岩波書店）の見出し「音義説」の言説を参照しながら、それをてがかりに、ことがらを整理してみたい。

五十音図の各音あるいは各行に、それぞれ固有の意義が含まれているとして、これによって語の意義や語源を説明し、また仮名遣いを定めたりもしようとする考え方。国語には特別に霊妙な力が宿っているとする国粋的な信念に基づいて、江戸時代末期に盛んに唱えられたのが代表的なもので、そういう一派の人々を音義（学）派・言霊派などと称する。
（略）

五十音図の各行・各段に一種の神秘的な意義を付会することは、既に、真淵・士清や富士谷御杖などにも見られるところであった。行ごとに意義を考えるものには、他に鈴木重胤《すずきしげたね》『詞のちかみち』、林圀雄『皇国之言霊』等もあるが、これに対して、また、各音ごとに意義を考えようとするものがある。（略）例えば、ウを母音の本源として重視するような神秘主義や、音と意義との間に必然的な関係が常にあるかのごとくに説くこの種の言語観は、もはや近代言語学には容れられないものである。〔阪倉篤義執筆〕

筆者が大学生の頃に、「国語学史」でならったこともほぼ右の言説のようなことであった。こうしたとらえかたは、例えば、中野虎三『国学三遷史』（一八九七年、吉川半七）や、保科孝一《ほしなこういち》『国語学小史』（一八九九年、大日本図書）にすでにみられることが指摘されている。

例えば『国語学小史』は橘守部《たちばなもりべ》（一七八一〜一八四九）以降明治十九（一八八六）年までの研究を「第四期　国語学衰微の時代」（十六頁）と位置付け、そこで足代弘訓《あじろひろのり》、鹿持雅《かもちまさ》澄《ずみ》、鶴峯戊申《つるみねしげのぶ》、長野義言《ながのよしこと》、鈴木重胤《しげたね》、萩原広道《はぎわらひろみち》、中島広足《なかじまひろたり》、黒川春村《くろかわはるむら》、野々口《ののぐち》（大国《おおくに》）隆《たか》正《まさ》、物集高世《もずめたかよ》、権田直助《ごんだなおすけ》、堀秀成、高橋残夢《たかはしざんむ》、岡本保孝《おかもとやすたか》の江戸時代後期の国学者十四人を採りあげている。

保科孝一は「第四期は社会の風潮が、ダンダン穏ならぬ形勢になつて参りました為め、学術の研究といふものは、殆ど荒廃に皈《き》する様になりました」（二十四頁）と述べている。「穏ならぬ形勢」は先に述べた「時局」の謂《い》いであろう。

高橋残夢については「残夢は香川景樹《かがわかげき》の門人で、名は正澄《まさずみ》と言つた人でしたが、委《くわ》しい伝記は分りません。又此人は熱心なる言霊家でありましたが、然し是は何人の系統を受けたものか、不明であります。此人の著書は多くは、言霊の理想を本として説いたものですから、或点《あるてん》は言語学の方よりは、寧《むし》ろ哲学の方から研究したら面白からうと思はれるところがあります」（四四四頁）と述べており、経歴や系統は不明であるというものの、残夢に対して一定の「価値」を認めていると思われる。

†音義説の再評価

明治三十二（一八九九）年刊行の大矢透《おおやとおる》の『国語溯原《そげん》』に寄せた上田万年《うえだかずとし》による序文「国語溯原序」においては、「成章が説きたる一元分殊論。或は篤胤守部残夢元盛等が種々に解釈を試みたる一音一義説。若くは鈴木朖が音声考、物集高世が辞格考等に主張せる言論のオノマトポエチック説。此等は皆それ〲一種異様の光彩を、語学史上に放てるものにあらずや。就中朖が所説の如き、欧洲の言語学者より先に、其の名案を説き出したる観あらずや。而して、明治盛世の国語界は、此の語源論上に於て、果して幾何の進歩をかなせる」（引用は上田万年『国語のため』東洋文庫、三一五〜三一六頁）と述べられており、上田万年が平田《ひらた》篤胤《あつたね》、橘守部、高橋残夢らの「一音一義説」をむしろ評価していることがわかる。

また時枝誠記《ときえだもとき》（一九〇〇〜一九六七）は『国語学史』（一九四〇年、岩波書店）第二部「研究史」の第四節「江戸末期」の「ロ　音義言霊学派」において次のように述べている。

契沖が和字正濫抄序に、「言有霊験、祝詛各従其所欲」と云つたのは、その言霊の力を意味し、そこに国語の優秀なる所以を見出そうとしたのである。然るにこの言霊なる思想は、近世国学の発展と共に再び復活し、その原始的信仰に新たな意味が加へられ、近世末期に至つて特にそれが強調せられる様になつたのは、一方に国語研究の著しい発展によつて、国語に整然たる法則の存在することが発見せられ、言霊の力はかかる言語によつて始めて生ずるものであるといふ風に考へられるに至つたが為である。言霊の信仰が、近世末期の国語の学問的研究によつて認証された訳である。又一方悉曇音韻学の思想即ち言語文字を神格化する思想が漸く表面に顕れてきたことにもよるのである。(略)

五十音図を重視して、それに何等かの意味を見出さうとする考の如きは、真淵が語意考に於いて、五十音図の各段に、初、体、用、令、助の名称を附したことと密接な関係があると考へられる。概して近世末期に於いては、真淵の思想が著しく復活されて来た。言語の根本を探らうとして、これを音韻研究に求めたことは、林圀雄、平田篤胤等に於いても見られるが、それは真淵の祖述である。

「(言霊の力に)国語の優秀なる所以を見出そうとした」「言霊の信仰が、近世末期の国語の学問的研究によつて認証された訳である」「言語の根本を探らうとして、これを音韻研究に求めた」など、時枝誠記の言説には言霊に対する否定的な響きが感じられない。

二〇一八年に出版された『日本語学大辞典』（東京堂出版）の見出し「オノマトペ」の記事中には次のようにある。

> 江戸時代には一音ごとに、あるいは五十音図の一行ごとにそれぞれ固有の意味があると考える音義説が唱えられていた。現在からみると、すべての音や行に意味を見つけようとしているところにかなり無理な点があるが、近代の音声心理学的な研究の先駆けとも見られる重要な側面を持っている。さらに、江戸時代の国学者鈴木朖は、『雅語音声《おんじょう》考』で言語の起源をオノマトペに求めようとする画期的な説を提唱している。

明治期においても、『国学三遷史』や『国語学小史』のように、「音義説」を「衰微」とみなす「みかた」がある一方で、大矢透の『国語溯原』の上田万年の序文のような言説もあった。あるいは昭和になってからのことであるが、時枝誠記のような言説もある。

『日本古典文学大辞典』には「もはや近代言語学には容れられないものである」ときわめて強い調子で否定する部分もあるが、右の引用中の「近代の音声心理学的な研究の先駆けとも見られる重要な側面を持っている」という言説も考え併せると、やはり冷静な眼で、「言霊音義説」を検討しておく必要があるだろう。以下では、幾つかの言説をとりあげてみることにする。

## †平田篤胤の思想宇宙

平田篤胤（一七七六〜一八四三）はきわめて多くの著述を残しており、それらの著述が覆う「分野」は広汎である。ここまでさまざまな「国学者」についてふれてきたが、篤胤に限らず、それぞれの「国学者」には、それぞれの「思想宇宙」があり、「コトダマ」についての「みかた」もその「思想宇宙」内に位置づける必要があることはいうまでもない。しかしそれは筆者の能力を超えたことであり、また誰にとってもたやすいことではないと思われる。平田篤胤について記された本も少なくない。篤胤の生涯、人となり、「思想宇宙」については、そうしたものに譲り、ここでは言語、なかんずく「言霊」にかかわる言説に絞って検討することにしたい。

篤胤は、嘉永三（一八五〇）年に『古史本辞経《こしほんじきよう》』（四巻四冊）という書名のテキストを出版している。『日本古典文学大辞典』（岩波書店）は、古典文学をひろく設定し、日本の過去のテキストをとりあげていると思われるが、篤胤の著作のうち『古史成文《こしせいぶん》』（文政元・一八一八年刊）、『古史徴《こしちょう》』（文政元〜二年刊）、『古史伝《こしでん》』は見出しにしているが、『古史本辞経』は見出しにしていない。国語学会編『国語学大辞典』の「索引」によれば、「古史本辞経」は見出し「音義説」中（一〇四頁四段目）、見出し「国学」中（三七〇頁三段目）、見出し「平田篤胤」中（七三九頁四段目）の三箇所において触れられているだけである。二〇一八年刊行の『日本語学大辞典』の「索引」でも「古史本辞経」はみられない。『古史本辞経』のようなテキストは、十分な分析、検討が行なわれないままに、忘れられていくのであろうか。

刊行されたテキスト＝版本の内題には「古史本辞経」の下に「亦云五十音義訣」とあって、「五十音義訣」が篤胤の考える別のタイトルであったことがわかる。書名の「古史」は「古事記、日本書紀の二典」（一丁表）のことで、その二つのテキストを軸にして、「祝詞宣命万葉集を始め」とする「古書ども」、さらに後の「語書《コトバブミ》」「哥集」「物語書」「軍書」など「古言の證となるべき詞を」「目の及ぶ限り引出」たと記されている。

「本辞」について、篤胤は『古事記』の「序」に「朕聞諸家之所賷帝紀及本辞、既正実、多加虚偽」〈朕《ちん》聞く、諸の家の賷《も》てる帝紀と本辞と、既に正実に違ひ、多く虚偽を加へたり〉とあり、「本辞」に依拠していると述べる。篤胤によれば「本辞とは古き辞書《コトバブミ》」をさすという。

篤胤は、このようなことを述べた後に「本辞」は「二言」「二千二十五言」だと（突然、と表現したくなるような感じで）断言する（註2-5）。現代の日本語学の用語でいえば、「二言」は「二拍語」、「二千七十五言」は「二千七十五語」であろう。このように同じ「言」であっても指している概念などが異なることがあるので注意が必要になる。

## †現代の音響心理学に通じる発想

「文」を「語」に分け、「語」を「音節」に分け、「音節」を「音素」に分け、というように、言語を小さな単位に分けていく「感覚」はわかりやすい。したがって、まず「一拍」あるいは「一音節」の語があって、それらが複合して「二拍」あるいは「二音節」の語がうまれていく、という説明がもっとも自然でかつ（直感的に）納得しやすいと考える。

しかし、篤胤は「二言」を重視し、「一言＋二言」を「本辞」とみる。妥当かどうかは措くとして、ユニークであると感じる。

「二言」をもとにする考え方はすでに『語意考』にみられる。篤胤はここでは実際的に

「二二言」を軸としている。「ア」の次に五十の音がくる、「イ」の次に五十の音がくる、とまず考える。ただし「ア」「イ」「ウ」「エ」「オ」の場合は次に「ア・イ・ウ・エ・オ」がくると「アア」「アイ」「アウ」「アエ」「アオ」というような母音連続になるので、これを「毎音初行の拗言」と呼び、この、五×五＝二十五を五×五十＝二五〇から除いて、二二五について考えることになる（註2-6）。

篤胤は「五十聯の声音」に「意」があり、「象」があり、「形」があると述べている（註2-7）。篤胤の言説からは、「象」と「形」とがどのような関係にあると捉えられているかがわかりにくい。しかしとにかく、「声音」に「意」があるとみている。「形象」に因って「形象なる声」があり、それを「音象」という。単なる音声ではなく、「意」がある音声、すなわち言語音を「音象」と呼んでいるのであろうか。

別の箇所では「加良理《カラリ》としたる物を見れば、牙口咢の加良理とせし所に響きて、加良理と聞ゆる音あり。佐良理《サラリ》としたる物を見れば、歯舌の佐良理とせし所に触れて、佐良理と聞ゆる音あり」と書いている。〈カラリとしたものをみると口のカラリとするところに響いてカラリと聞える音がある。サラリとしたものをみると口内のサラリとしたところに触れてサラリと聞こえる音がある〉という具合に、篤胤の観察に基づいて「牙口咢」「歯舌」

「舌上」「舌面」「唇軽」など、音声学でいうところの調音点（発音の際に呼気を阻害して音をうみだす場所）が示されているが、その認識は現在の音響心理学と通じるものがある。

### ✝平田篤胤の本居春庭批判

『古史本辞経』を読み進めていくと、「以上は、語意考に著《アラハ》されたる説等《トキゴトドモ》にて、此《コ》はしも初発《ハジメ》に云れたる、彼荷田家より伝受《ツタヘウケ》られし、初体用令助の古説に本づきて」とある。そもそもは賀茂真淵の『語意考』に淵源があるということである。

さらに篤胤は、真淵の『語意考』が荷田春満の「初体用令助の古説」に基づき、「説を広めて」後《のち》、鈴屋翁すなわち春庭の『詞八衢』が成ったこと、加えて『詞八衢』は、具体的には宣長の『御国詞活用抄』に基づいてつくられたということも述べている。

その『語意考』の篤胤の言説中で注目しておきたいのは、『詞八衢』が「古書」で確認できる使用例をもとに成っていることを「古語の必有べき限りを挙尽」していないと批判していることである。

春庭の「方法」は実証的かつ帰納法的であるが、篤胤は「有べき」語を「推察」して、あらゆる「言語」を採りあげることを目指している。春庭は、実際に確認できる言語使用例から帰納できることを精緻に整理したといえようが、篤胤は「言語のあるべき姿」「あるであろう姿」を現出させることを目指したといえよう。

### †鈴木重胤『ことばのちかみち』

鈴木重胤（一八一二〜一八六三）は、天保三（一八三二）年、二十一歳の時に、江戸の平田篤胤に入門の名簿を送り、天保五年には野々口（大国）隆正に入門する。天保十四（一八四三）年に平田篤胤を慕って秋田におもむくが、到着は篤胤の没後だった。

弘化元（一八四四）年以降は江戸に住んで、篤胤の学を受け継ぐことを目指す。『日本書紀伝』三十巻、『延喜式祝詞講義』十五巻、『中臣寿詞講義』二巻など、神社研究、神学、古道、日本語研究などの分野にさまざまな著書がある。

ここでは『語学捷径』を採りあげることにする。『語学捷径』は弘化二（一八四五）年に刊行されている。捷径《しょうけい》といえば近道やてっとり早い方法という意味だが、表紙見返しには「鈴木重胤大人撰／〔皇国〕語学捷径／大阪鹿田松雲堂蔵」とあり、「語学捷径」には「ことばのちかみち」と振仮名が施されているので、書名としては「ことばのちかみち」とみるべきであろう。また、書名に「皇国」という角書きが附されていることが目をひく。

序と思われる文章は野々口隆正が書いている。

上巻冒頭には「大旨」が置かれている（註2-8）。「大旨」は本居宣長の『漢字三音考』の引用から始まり、『万葉集』八九四番歌、二五〇六番歌を引いて、宣長の言説をなぞるように、「皇大御国の言語」が「純粋正雅の音」から成り、「言ごとに無尽の意を含蓄」しているいることを述べる。そして、その「用法におのづから」「定格」があることを述べる。そして、「世にかくれて」いた「言霊の妙用《ヒカリ》」を「見顕はし」たのは本居宣長の「功績」であると称揚している。

図8は上巻の「音韻」の条中に掲げられている「五十連音韻図」である。ア行に「オ」が、ワ行に「ヲ」が配置されている。現在では、ヤ行は「ヤ・ユ・ヨ」というかたちで、ヤ行の「イ」と「エ」に仮名が配置されていない。歴史的にみると、ヤ行の「エ」は確実に存在し、ヤ行の「イ」もおそらく存在した。ワ行の「ウ」は存在しなかったと考えられている。

「五十連音韻図」ではヤ行の「イ」の位置に、おそらく「イ」を転倒させたかたちが、ヤ行の「エ」の位置には、「衣」の一・二画をはずしたかたちが、ワ行の「ウ」の位置には、「卯」の左側だけのかたちが置かれている。

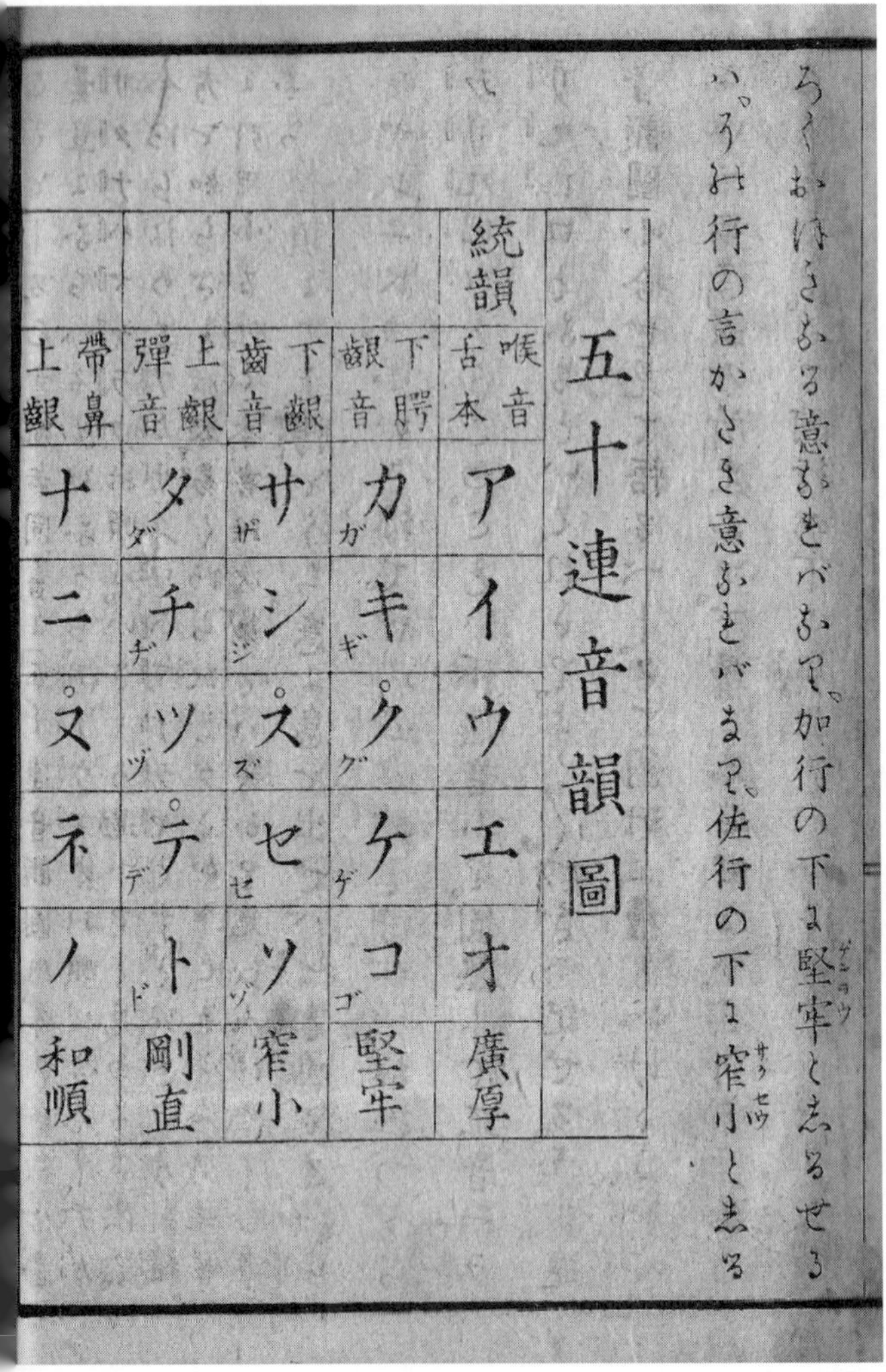


| 統韻 | 喉音舌本 | 下腭齦音 | 下齶齒音 | 上齶彈音 | 帶鼻上齶 |
|---|---|---|---|---|---|
| | ア | カ ガ | サ ザ | タ ダ | ナ |
| | イ | キ ギ | シ ジ | チ ヂ | ニ |
| | ウ | ク゜ グ | ス゜ ズ | ツ ヅ | ヌ゜ |
| | エ | ケ ゲ | セ ゼ | テ゜ デ | ネ |
| | オ | コ ゴ | ソ ゾ | ト ド | ノ |
| | 廣厚 | 堅牢 | 窄小 | 剛直 | 和順 |

図8

| | | | | | | | |
|---|---|---|---|---|---|---|---|
| 導音 | 半唇 | ハバ | ヒビ | フブ | ヘベ | ホボ | 變更 |
| | 帶鼻唇音 | マ | ミ | °ム | メ | モ | 渾融 |
| 重音 | 喉音舌頭 | ヤ | レ | ユ | ㄝ | ヨ | 進前 |
| | 上腭彈音 | ラ | リ | 九 | °し | ロ | 形狀 |
| 重音 | 微彈唇音 | ワ | 井 | ゔ | ヱ | ヲ | 揉曲 |
| | 所音生韻 | 喉 | 齒 | 唇 | 下腭 | 上腭 | 大音概意 |

せるハ。其行の言せバくちびさき意なきがなり。多行の下ニ
剛直《カツチヨク》と志るせるハ。其行の言剛《タケ》くつよき意なきバなり。奈行

さて、ア行の下には「広厚」、カ行の下には「堅牢」、サ行の下には「窄小」とあるが、この五十連音韻図についての説明によれば、行ごとに「広厚」(広く大きい)、「堅牢」(堅い)、「剛直」(たけくつよい)、「和順」(にこくやわらか)、といった「意」が定まっているという「みかた」が提示されている(註2-9)。具体的に語彙が例示されてはいないが、ある程度の語彙から各行の「意」を抽出して整理したとみるのが自然であろう。図の説明では、漢字列「音韻」が「コトダマ」にあてられている。*

**＊これらのおもぶきをよく明らめなば、自然《オノズカラ》、音韻《コトダマ》の霊妙《サキハヒ》なむいちじるくしらるるものなる。**

行に何らかの「義」があるということは先にふれたように、つとに悉曇学でも示されており、そうしたことが何らかの影響を与えている可能性がありそうだ。

例えば、ナ行の下には「和順」とある。「和順」の語義をどうとらえるかであるが、〈穏やか〉ぐらいにとらえておくことにしよう。そうすると、「ナグサム」「ナゴヤカ」「ナジム」「ナダム」「ナダラカ」というような語の語義が〈穏やか〉ということとなにほどかにしても繫がっている、といえなくもない。

しかし、「ナダレ(雪崩)」は〈穏やか〉ではないなとか、「ナグル(殴る)」という動詞もあるぞと思えば、「ナ」が語頭にきている語が全部〈穏やか〉という語義をもつわけではないことはすぐわかる。そういう「反論」のしかたはあるだろう。

## †大村光枝の言説

大村光枝（一七五三〜一八一六）はあまり知られていないかもしれない。信濃国松代や越後国蒲原地方の人々と、和歌や国学を通して交流し、『皇国辞解』『国辞解』『国辞解便蒙』『万葉集誤字愚考』などを著わした。しかし、その生涯についてはわかっていないことが多い。

『皇国辞解』『国辞解』はいずれも写本として残されているが、両者は内容がちかいことが指摘されている。ここでは版本の奥書に「寛政六年」に信濃国埴科郡ちくま河のほとりの「旅ねのやとり」で記した、とある『国辞解』によって、大村光枝の言説をみてみよう。

下巻冒頭には「ことのこころひとわたり」とあって、「こと」の右横には「言」と漢字が添えてある。「か・さ・た・な・は・ま・や・ら」のように条を分けて述べられている。「か」と「さ」とをとりあげてみよう。句読点や傍点を適宜補った。

か

このひとことは事をさす一言にて、心にあるところをさしいふひと言なり。そのさすところ、うたかふかたにあれは、やかて、うたかふ言となり、さすところ、うちなけくかたにあれは、やかて、うちなけくことゝなれり。かく、うつろふものの事をさすもとの言にかはれることはなし。あるは一言のもとつことにありては、つきにつゝける言につきて心わかれゆくめり。そは　かすむ（霞）、かろし（軽）、かれ（故）などやうにわかれゆくなり。

　きみやこしわれやいきけむおもほえす夢かうつゝかねてかさめてか
　かすか野のとふひの野もりいてゝみよいまいくかありてわかなつみてむ
　あさみとりいとよりかけてしら露をたまにもぬけるはるの柳か

〈「カ」は「事をさす」「心にあるところを指し言う」そしてその「指すところ」は「疑うかた」すなわち疑問にあるのだ〉という。疑問をあらわす係助詞「カ」、詠嘆をあらわす終助詞「カ」をふまえての言説であろう。しかしまた「カスム」「カロシ」「カレ」のように、「カ」を語頭にもつ語もあげられているので、助詞のみについての言説ではないことになる。

さ

こはことをさしさたむ言なり。こひしさ　うれしさ　なといふはさらにてことをおこす言となりても言のなかにありても、はてにありても、すへてさのひと言のさしさたむ心にたかふかたはなし。おもくもかろくもなれるはさしさたむかたのもとの心によれるものなりけり

さよ中とよはふけぬらしかりかねのきこゆるそらに月わたるみゆ

したはれてきにし心のえにしあれはかへるさまにはみちもしられす

かりのくるみねのあさきりはれすのみ思ひつきせぬよの中のうさ

〈「サ」は「事を指《さ》し定《さだ》む」言で、「ことをおこす言」となっても、その言のなかにある場合も、果てにある場合も指し定む心に違うかたはない〉と述べている。あげられている和歌中には「さよ中」「かへるさま」「うさ」に「サ」が含まれている。これらの「サ」をすべて「事を指し定む」と括ることは難しいと思われる。

## †山口志道の音義説

山口志道《やまぐちしどう》（一七六五〜一八四二）は安房国長狭郡寺門村（現在の千葉県鴨川市寺門）で生まれている。杉庵思軒を号とすることもある。荷田春満の流れをくむ荷田《かだ》訓之《のりゆき》に師事し、「稲荷古伝」を授けられ、天保五（一八三四）年に『水穂伝《みずほのつたえ》』を出版する。天保九（一八三八）年には小倉百人一首の和歌を解釈した『百首正解』を出版する。『水穂伝』の冒頭に置かれた「附て言」には次のようにある。

> 皇国《ミクニ》は原《モト》より文字ちふものなく、言霊《コトタマ》の佐国《タスクルクニ》にして、五十連《イツラ》十行の形仮名《カタカナ》は神代の御書《ミフミ》なり。是をもて天地及万物の初発《ハジマリ》を知て一として足はすといふことなし。

「皇国」にはもともと「文字」がなく、「言霊の佐国」であり、「五十連十行の形仮名」は「神代の御書」であると述べている。日本列島に（とは書いていないが）、無文字時代があったことがはっきりと認識されていることには注目しておきたい。無文字時代にも日本語はあったのだから、その時の日本語は音声＝音がすべてであったとみることはできる。後には「詞は音のみにして、眼に見ること難し」とも述べている。

さらに山口志道は、自身の家に「布斗麻邇《フトマニ》御霊」と呼ばれる「五十連の十行」を記した文書があったことを述べる（註2-10）。そして「古今のことば」を集め、「天地の万物」に合わせながら『古事記』神代巻に照らして三十年余り研究を続けた結果、「布斗麻邇の御霊」は「水火の御伝」で、「形仮名は神の御名こと」が現れたものであることを悟ったという。

それはつまり、「天地の万物＝世界」と「古今のことば＝言語」、すなわち「世界と言語の成り立ち」を『古事記』神代巻によって解釈することであった（註2-11）。山口志道はまず「皇国の学」が「万物一に止まること」を原点とすると述べ始める。それは「根源を追究すること」が「皇国の学」であることの確認でもあり、宣言でもあろう。「人間と人間をとりまく外界」の始まりは「天地初発」の時ということになる。

『古事記』は「天地初発之時」という表現で始まっている。この「天地初発」をどのような日本語を書いたものとみるかということについては、本居宣長の『古事記伝』以来、さまざまな「みかた」が提示されてきているが、山口志道はそこを自身の思考の起点としている。

まず「一の凝」が「火水」二つにわかれる。火は「父」で「火霊」をもち、水は「母」

で「水霊」をもつ。「父」「母」は擬人的な喩えで、「火霊」と「水霊」とがくんで、また一つの「凝」になるという「みかた」には、伊耶那美命と伊耶那岐命の「美斗能麻具波《ミトノマグハ》比《ヒ》」のイメージが重ねられているのではないか。その「凝」で重く濁っているものが「形」となり、軽く澄んでいるものが「息」となる。「息」が「高く現はれた」ものが「音」で、その音が「五十連」となったものが「言霊」で、「五十連の音に霊」があるという。

そうではあるが、「詞は音のみ」で「眼に見ること」はできない。そのように「眼に見ること」ができない「詞」にかたちを与えるものが「形仮名《カタカナ》」で、その「形仮名」によって「五十連の十行」を記してあるのだという。そしてそこには「体・用・軽・重・清・濁」といった「法則」がある。

## †「稲荷古伝」の十二の図像

『水火伝』の「火之巻一」には「布斗麻邇御霊　一名謂火凝霊《カゴタマ》」と名づけられている七つの図像を示し、それに続けて荷田訓之から伝授された「稲荷古伝」の十二の図像（図9）を掲げている。そして、この二種類の図像を使って『古事記』神代巻の解釈を展開してい

稲荷古傳　　　　　　荷田訓之傳之

、
火也
シルシ也
イキ也
ホトリ也
コリ也

一 火也
變也
一 火也
璽也
十 キ也
コリ也
與也

ノ
〇水也
也

＼
火也
出す水也
火令水也

水也
火
リ
出入食也

フ
〇火也
也

〇
水也

二
火也
水
天炁也

□
火也

此古傳の御形さ布斗麻通清男さらて割別し水火の形躰さ星をさら天地の之爲さを知の爲傳とする

壹ノ五

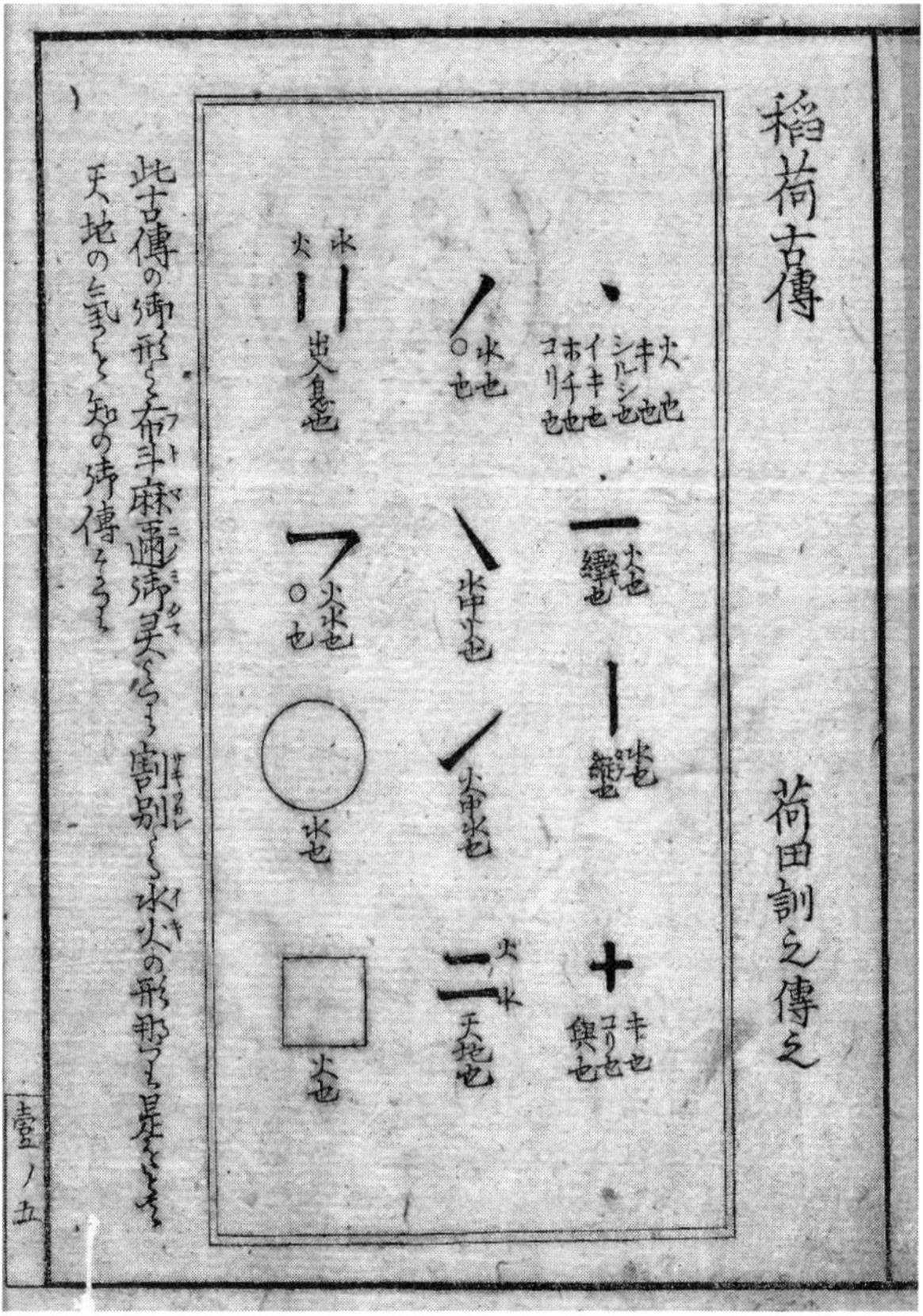

図9

く（図10）。

図10の左の匡郭内「布斗麻邇御霊」の縦に並んだ七つの図像は何を現わしているのかといえば、上から順に①「天之御中主神御霊」、②「高御産巣日神」と「神産巣日神」との両神合体の御霊、③「伊邪那岐神の御霊」、④「伊邪那美神の御霊」、⑤「伊予の二名の島」、⑥「筑紫島」、⑦「大八島国」であるという。

一番下の「大八島国」を現わす図像について、志道は、「天地人、容成為水火御霊謂大八島国〈天地人、容《カタチ》成って、水火《イキ》を為すの御霊を大八島国と謂ふ〉」、そして「此御霊の中より形仮名を現す」と述べる。つまり形仮名（＝文字の発生）と、国土・自然の発生とを結びつけた。さらに『水穂伝』火之巻一の最後「五十連十行之発伝」という条において、「形仮名」の発生の順と『古事記』の記述を結びつけて説明する。

文字の発生と『古事記』の記述を結びつける説明には、もちろん根拠がない。根拠はないけれども、形式としては整った説明とみることはできる。形式として整っていることを「体系的」とまで呼んでいいかどうかは考えなければならないが、一つの「世界観」を示したものとみることはできる。

「布斗麻邇御霊」の一番上に描かれた「天之御中主神御霊」の図像は、後に、出口王仁三

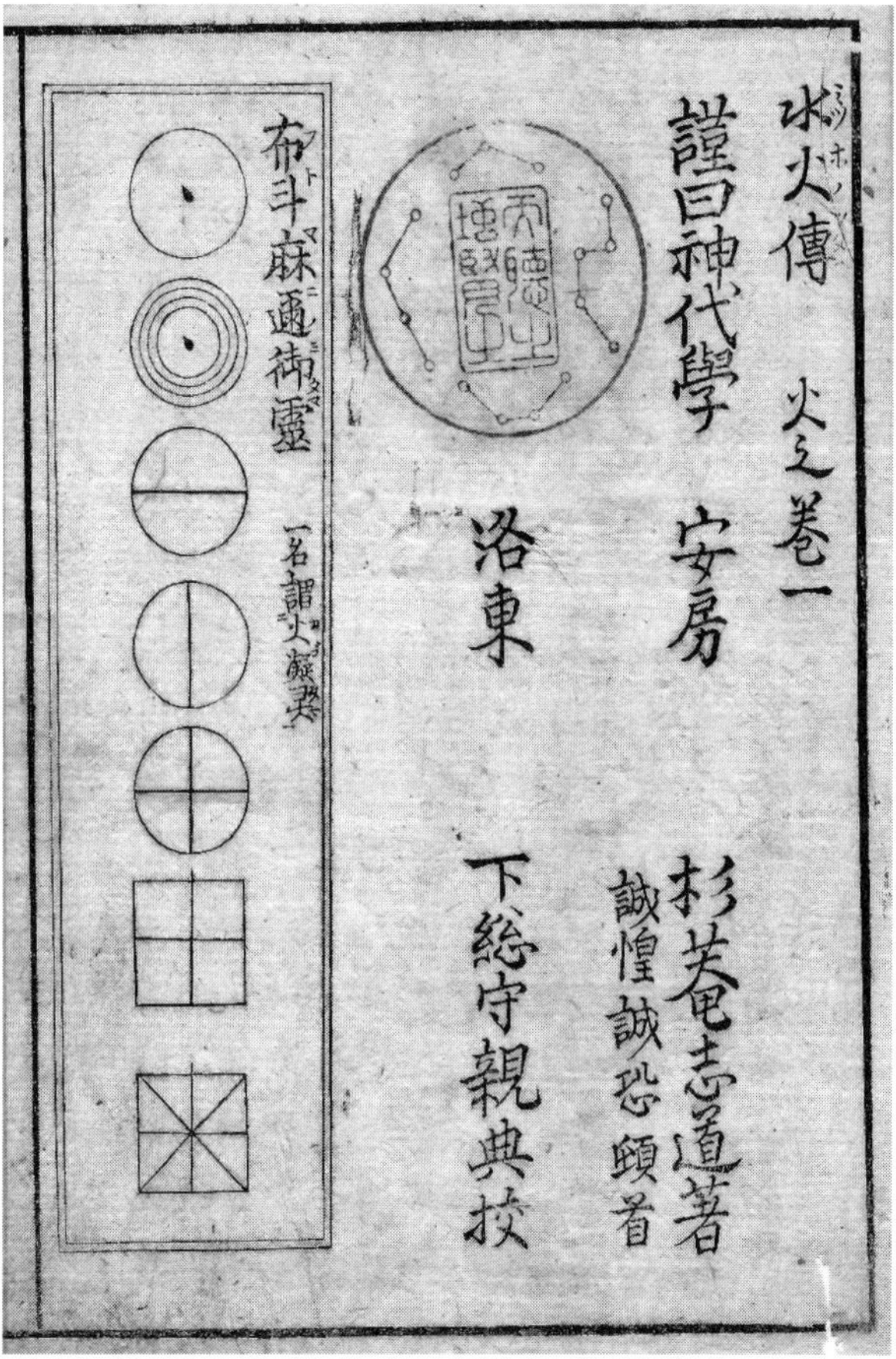
水《ミツ》火《ホノ》傳　火之巻一

謹曰神代學　安房　杉葊奄志道著

誠惶誠恐頓着

洛東　下総守親典挍

布《フ》斗《ト》麻《マ》邇《ニ》御《ミ》靈《タマ》　一名謂火凝靈

図 10

此端其の中より形假名を現す

人の八十八歳を賀する此大八島の御形に備るの故ある
河其の時形 米加足 赤米賀足 といふ則八十八といふ則米といふ

圖江其 朱 甲

四二　四一　三九　十五

四三　四〇　三八　二二

四四　三七　三六　八

四五　三五　三四　五

四六　三三　三二　二

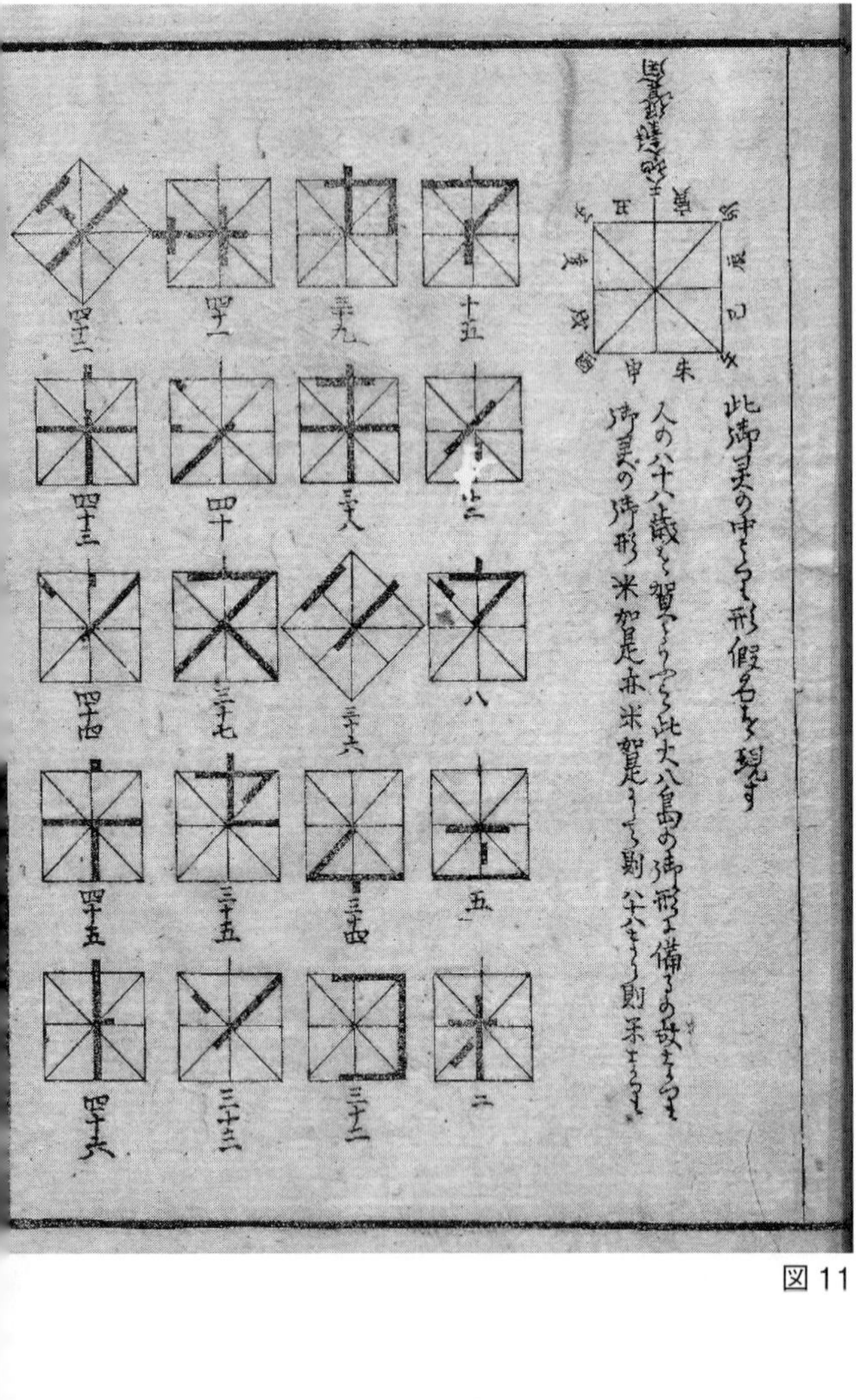

此卅〻ニリの二言の二畫こうつく

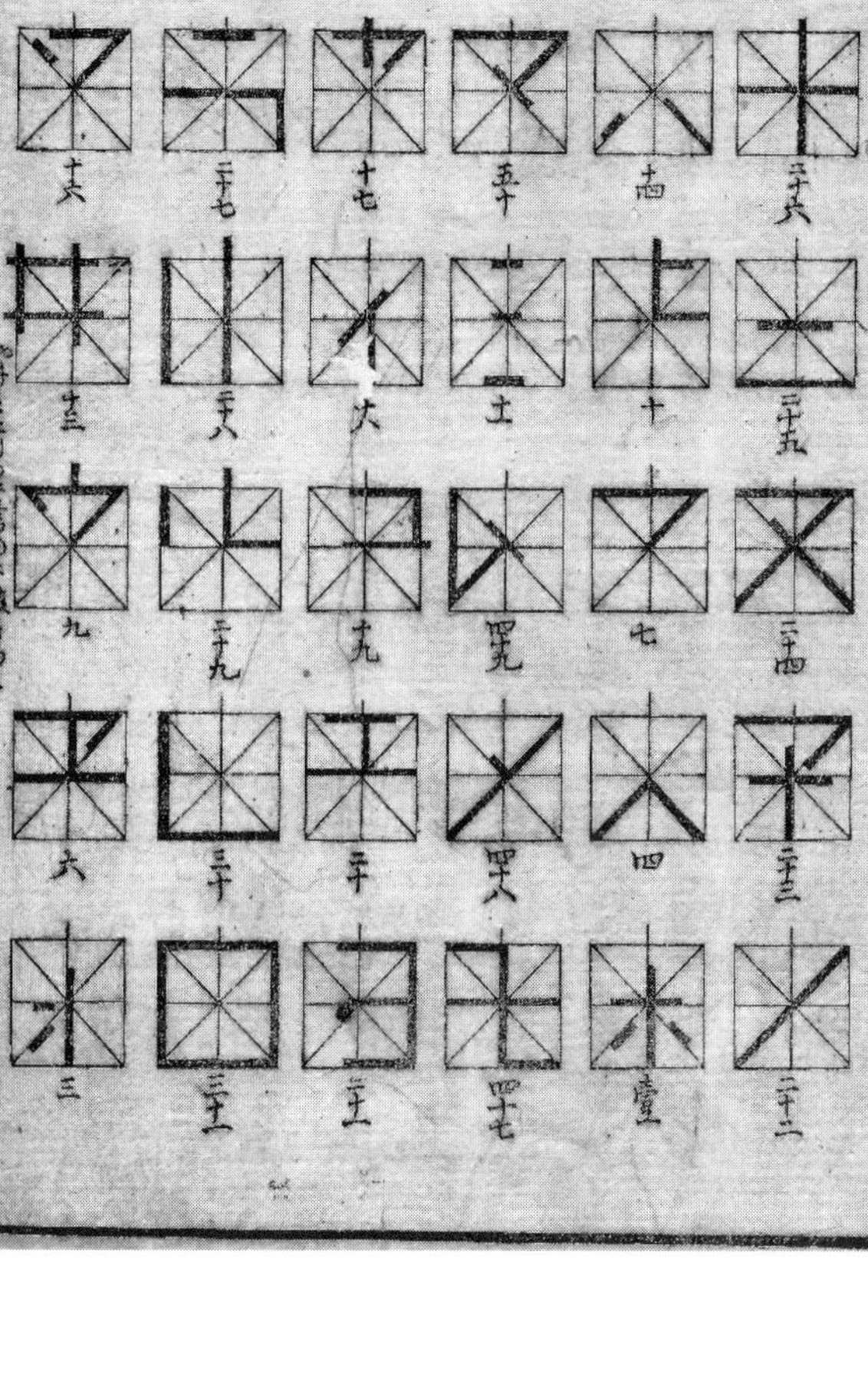

郎によって、宇宙の真神「主（ス）神」の象徴図形とされ、大本教系の宗教教団の重要なシンボルとなっていく。なお、出口王仁三郎の祖母は、中村孝道の妹宇能であったとの指摘がある。

先に述べたように、山口志道は「布斗麻邇御霊」の一番下に描かれた「大八島国」の図像から「形仮名」が発生したと述べた。図11は、形仮名の五十音を「大八島国」の図像にあてはめて示した図像である。それぞれの「形仮名」は『古事記』神代巻に登場する神々と結びつけられており、下に記された漢数字は「形仮名」の出現順であるという。

例えば、「ホ」の下に「壹」とある。壹とは「一」であるが、これについては「天地の初発《ハシマリ》に伊邪那岐伊邪那美の二柱阿那邇夜志愛袁登古袁《アヤニヤシエヲトコヲ》と言竟《イヒヲヘ》て御合《ミアヒ》まし丶時にホの霊現」と述べている。そして、「ホの霊右に割別《ワキワカレ》て気起《イキ》のオの霊をなし、左に割別て終のヲの霊をなし、次に気脹《イキフクルル》のへの霊起て右に割別て天地の胞衣のヱの霊をなし、左に割別て胞衣搦《エナカラム》のヱの霊をなし」というように、次々と由来が述べられていく。

ここでは「形仮名」の発生順が、『古事記』の神々の発生と結びつけられて説明されている。もちろん先に述べたように、そのようにみる根拠はない。根拠はないが、説明はいわば緻密で、一つの「世界観」を示しているといってよい。

ちなみにいえば、『語学新書』の著者として知られる鶴峯戊申（一七八八〜一八五九）は『鍥木文字考』を著わし、日本の古代に「阿奈以知《アナイチ》」という文字があったとを主張した。「阿奈以知」も、布斗麻邇御霊に似た四角を区切ったような形からできあがっていると述べている。

## †林圀雄『皇国之言霊』

『日本語原学』（一九三二年、建設社）という書物がある。著者は林甕臣《はやしみかおみ》（一八四六〜一九二二）で、甕臣は平田鉄胤に入門して国学を学び、その一方で、中村正直、アーネスト・サトウから英学と洋学を学んだ。明治三十三（一九〇〇）年には言文一致会を設立し、言文一致運動を推進した。この林甕臣の実父が、良寛の研究者で歌人の林甕雄《みかお》（?〜一八六二）で、実母は、本居宣長の高弟、林圀雄（一七五八〜一八一九）の娘ときである。甕臣の子が洋画家の林武で、林武は『国語の建設』（一九七一年、講談社）を著わしている。『国語の建設』の「国学者としての曾祖父」という題の文章には次のように記されている。

圀雄といふ人物は本居学の正統を継いだ点で宣長の高弟と言はれてゐるが、今も調べてゐるのだが、なかなか一筋縄ではいかないやうな妙な一面を持つてゐる。（略）圀雄の生年は宝暦八年で、年は平田篤胤より少し上らしい。篤胤が天保三年だかに何か著してゐるが、圀雄が死んだのは天保十二年である。だから、篤胤が盛んにやり出した頃は晩年に近かつたと思ふ。

若い頃水戸家の御祐筆をつとめ、江戸に出て大船真揖と称へ久世家の用人となつた。その頃、真顔といふ狂歌師がゐて、圀雄はその真顔について狂歌の仲間にはひつてゐる。

「文政十年丁亥春」の「叙」が附されている、林圀雄の『皇《み》国之《くにの》言霊《ことだま》』は、冒頭に次のように記されている。

皇大御国のふることまねひせんとならは、先、あめの大御国の言霊をよくまねひ得へし。言霊によらては、いかてかも、あかりたる代のふることの、くしくあやしくたへなることわりをよくときけることあらむ。いにしへふりの歌よみせむにも、言霊によらては、いかてかも、その結ひをあやまらて、よくとゝのふることをえてむ。中昔の物語、□□□よりくたりたる代の冊子めくものにいたるまて、言霊によらてはいかてかもおもひかむるこ

とのなからむ。(□□は判読できない)

『皇国之言霊』では、「皇大御国のふることまねひ」をするのであれば、まず「大御国の言霊」を学ばなければならないと説く。上代のさまざまなことがらの霊妙さ、不思議さは「言霊」によって解釈し、理解することができ、古代風な和歌を詠むにあたっても「言霊」によらなければ、うまく詠むことができないという。ここでは、和歌をよむという営為と「言霊」が結びつけられていることには留意しておきたい。

## †まず言霊を学べ

『皇国之言霊』は「阿音は天地自然の音声」なる論*から始まる（註2-12）。

**＊音声の始は阿《ア》なり。阿《ア》は天地《アメツチ》の自然《オノヅカラ》の音声《コヱ》にして、万《ヨロヅ》の音声の始なるが故に、人口をひらけば、おのづからに出るの音なり。**

林圀雄は「五十聯音」に「濁音二十音」を加えた「七十音」を設定しているが、それらは「阿（ア）」の一音からうまれたと述べている。

図12は「皇《ミ》国之《クニノ》言霊五十《コトダマイツ》聯音之《ラノコエノ》図《カタ》」と名づけられた図である。タイトルの下には「外国《トックニ》

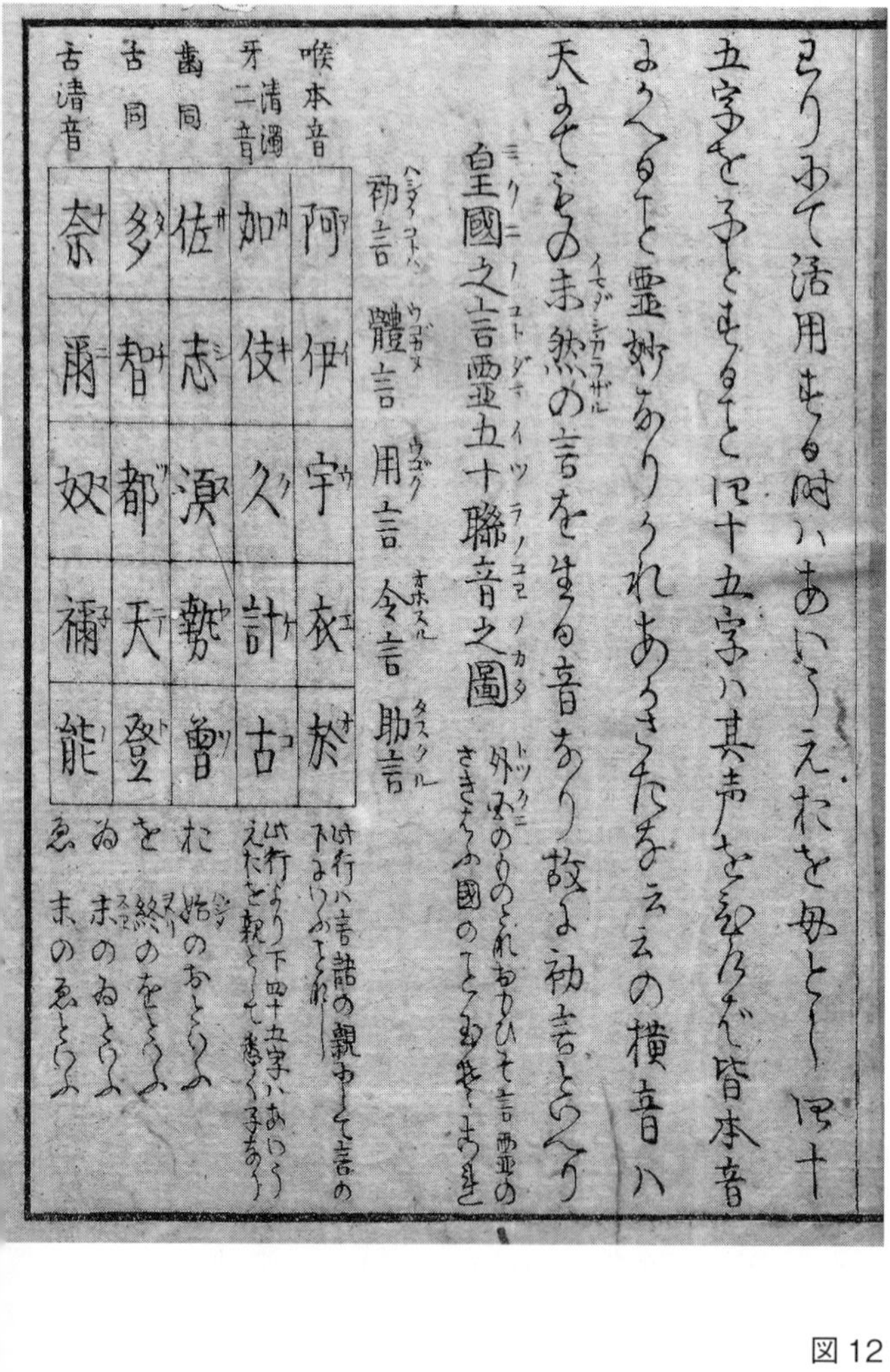
よりて活用する時ハあいうえおを母として四十
五字を子とするときハ四十五字ハ其声をわかちて皆本音
となるなど霊妙ありけれあるさたなと云の横音ハ
天まそとの未然《イモダシカラザル》の音を生する音あり故に初言よりて
皇國之言霊五十聯音之圖《ミクニノコトダマイツラノコヱノカタ》
初言《ハジメコトバ》　體言《ウゴカヌ》　用言《ウゴク》　令言《オホスル》　助言《タスクル》
外國《トツクニ》のものとれおかひて言霊の
さきたる國のさとなを是
喉本音
牙清濁二音
齒同
舌同
舌清音
阿《ア》 伊《イ》 宇《ウ》 衣《エ》 於《オ》
加《カ》 伎《キ》 久《ク》 計《ケ》 古《コ》
佐《サ》 志《シ》 須《ス》 勢《セ》 曾《ソ》
多《タ》 智《チ》 都《ツ》 天《テ》 登《ト》
奈《ナ》 爾《ニ》 奴《ヌ》 禰《ネ》 能《ノ》
此行ハ言語の親として言の下にかよふなり
此行より下四十五字ハあいうえおを親として悉く子なり
お　始《ハジメ》のおといふ
を　終《ヲハリ》のをといふ
ゐ　末《スヱ》のゐといふ
ゑ　末のゑといふ

図12

| 脣清濁二音 | 脣清音 | 喉同 | 舌半濁 | 喉清音 |
|---|---|---|---|---|
| 波《ハ》 | 麻《マ》 | 也《ヤ》 | 良《ラ》 | 和《ワ》 |
| 比《ヒ》 | 美《ミ》 | 伊《イ》 | 利《リ》 | 為《ヰ》 |
| 布《フ》 | 武《ム》 | 由《ユ》 | 留《ル》 | 宇《ウ》 |
| 閉《ヘ》 | 米《メ》 | 衣《エ》 | 礼《レ》 | 恵《ヱ》 |
| 保《ホ》 | 毛《モ》 | 輿《ヨ》 | 呂《ロ》 | 遠《ヲ》 |

いうえハ始終あれども假字ハ[illegible]うるよあるべし

は行ハあ行よりうつれて順母ありゆゑよ此所よ活用せす

は行ハ言語の[illegible]皆言の下よ活用せ

は行ハすべてや行よあるべし

○は行ハ言語の助[illegible]

○は行ハ[illegible]

○は行ハ[illegible]

○は行ハ[illegible]

○は行ハ[illegible]

天の象

| | | | | | | | | | |
|---|---|---|---|---|---|---|---|---|---|
| あ | か | さ | た | な | は | ま | や | ら | わ |

| |
|---|
| い |
| う |
| え |

○は中ハ[illegible]

○[illegible]

○[illegible]

○[illegible]

| | | | | | | | | | |
|---|---|---|---|---|---|---|---|---|---|
| れ | こ | そ | と | の | ね | も | よ | ろ | を |

地の象

のものとなおもひそ。言霊の／さきはふ国のこと玉そ、これ」と記されている。契沖の「五十音図（本書図5）」は、（おそらく）あらゆる国の言語にあてはまる図として提示されていると思われるが、林圀雄の「皇国之言霊五十聯音之図」は「皇国之」言語、すなわち日本語を整理したものだという認識がはっきりとしている。そしてそれは「言霊のさきはふ国」の言語と位置付けられている。

ア行の下には「此行は言語の親にして言の／下にいふことなし」とある。「親」はともかくとして、日本語は母音連続を忌避する言語なので、古代日本語すなわち和語においては、語の二拍目以降に母音が位置することはなかった。中国語を借用し、和語自体も「音便現象」が起き、次第に母音連続が存在するようになったが、そもそもはなかった。そうした「事実」に、林は気づいていたと思われる。

またラ行の下に「此行は言語の上にいふことなし／皆言の下に活用す」とある。古代日本語は語頭すなわち語の一拍目にラ行音及び濁音が位置しなかったと考えられている。これは、なぜそうなっていたか、というよりは、そういう語頭音制限規則をもった言語だったということだ。中国語を借用し、「日本語」の内実がひろがっていくうちに、こうした語頭音制限規則も事実上なくなっていくが、当初はそうであった。

さらにヤ行の下に「此行はあ行よりわかれて順母なり」、ワ行の下に「此行はすべてや行におなし」とあることは、現在ヤ行の子音［j］とワ行の子音［w］を、子音ではあるが、母音的なものとみて、「半母音」と呼んでいることと通う。

林圀雄の言語観察は、すべてが正確とまではいえないにしても、正確な面をもっているとはいえよう。ア段の右横には「初言《ハジメノコトハ》」、イ段の横には「體言《ウゴカヌ》」、ウ段の横には「用言《ウゴク》」、エ段の横には「令言《オホスル》」、オ段の横には「助言《タスクル》」と記されており、これは賀茂真淵の考え、用語をうけたものと思われる。

### †中村孝道と『言霊真澄鏡』

中村孝道（一七八七ごろ〜?）は周防国に生まれ、天保五（一八三四）年に『言霊或問《ことだまわくもん》』を出版した。「産霊舎」を号とし、同名の私塾には門人二〇〇名がいたといわれている。『言霊真澄鏡《ことだまますかがみ》』は、孝道の門弟であった五十嵐篤好《いがらしあつよし》（一七九〇〜一八六〇）の著作で、実子の政雄（一八五〇〜一九三四）による筆写本が高岡市立博物館に蔵されている。当該写本には篤好の号である「雉岡《ちこう》」を含んだ「雉岡舘」という朱方印がおされており、巻頭には「中村先生口授／望月先生伝／五十嵐篤好筆記」とある。「中村先生」とは中村孝道、「望月先生」は、代々近江国甲賀郡油日村で医者をつとめた家にうまれた望月幸知《もちづきこうち》（生没年未詳）のことで、この望月幸智の孫が後述する国学者の大石凝真素美《おおいしごりますみ》（一八三二～一九一三）である。

この写本『真澄鏡』の見返しには、明治十年七月の日付をもつ五十嵐政雄の文章＊が記されている。

**＊真澄鏡は望月幸知大人の御伝を篤好大人のものし給ふものにて、則此書十葉は自ら記されたるなり。其余は、□□したものなりしを今如此写したるなり。此一巻に記したるは、御伝の中伝といふ所なり。奥伝結の三くさは次巻に記すべし。（□□は判読できない）**

つまり、望月幸知の教えをもとに五十嵐篤好が記したものということで、この政雄の「緒言」からすれば「言霊真澄鏡」は、中村孝道の教えを伝える著とみることもできよう。国立国会図書館デジタルコレクションに、明治十三（一八八〇）年に活字印刷されて出版された『言霊真澄鏡』が公開されているが著者は五十嵐政雄とされている。これらのことからすれば、『言霊真澄鏡』は中村孝道、望月幸知、五十嵐篤好、五十嵐政雄らがかかわって成ったとみておくのが妥当かもしれない。

『言霊真澄鏡』が具体的に誰の著作とみるかということについては、これ以上ふみこまないことにする。

さて、活字印刷された『言霊真澄鏡』の「緒言」において、「言霊といふ教」は「七十五声、一声一声の霊」があり、それらが「名言結の三種に分」れるという「みかた」が示されている。その「みかた」は中村孝道が望月幸知に伝えたものであることが書かれている。そして、近年は「諸家の著」作が多いけれども、それらの「ことばの説」はみな、春庭の『詞八衢』の説であって、「言霊の説」はないのだと述べる。

ここでは、「言霊の説」と『詞八衢』の説くところが異なるものであることがはっきりと認識されている。

## †中村孝道の説く言霊

中村孝道の「言霊の説」は『言霊或問』の冒頭に述べられている。「或問」とは〈質問を設定し、それに答えるという形式を使って、自身の考えを述べる体裁の文章〉のことで、『言霊或問』もそのような形式で構成されている。同書に示された「言霊の説」を整理しておこう。テキストとしては、東北大学狩野文庫に蔵されている写本のマイクロフィルムを使った。

①「言霊の教」は上古において、皇国の言語の道を開いた「法則」で、それは皇国のもととなる教えである。
②「言霊の教」は「言霊」と「真須鏡」とから成る。
③「言霊」は「人の声の霊」で、人の声は七十五あり、声ごとに「義理」が備わっている。その「義」を「言霊」と呼ぶ。
④「一声」ごとに「霊」すなわち「義」があり、声を「二声三声四声五声」と連ねていけば、千万の名となり詞となって、「世の物事」を言い尽くすことができる。
⑤「言語の働」について述べているのが「真須鏡」である。
⑥十五声が竪に「柱」として連なる。その「柱」が横に五つの「棚」として並ぶ。十五×五＝七十五声となる。

早稲田大学にも同書の写本が蔵されており、それは「古典籍総合データベース」において公開されている。両テキストは表記などに小異はあるが、「本文」はちかい。

『言霊或問』では、まず「言霊の教」を直接的には皇国の言語の道を開いた「法則」と位置付けているが、結局それは「皇国のもと」となる教えである（①）。「言霊の教え」を、いわば総合的な理論「言霊」と、その理論に基づいて日本語を整理した「真須鏡」とに分ける（②）。言語を特定して、その言語で使われている音素を整理すれば、その音素の数は有限の数として数えることができる（③）。その有限個の音素の組み合わせによって、音節が構成され、音節が組み合わされて語を形成し、語が無限個の文をうみだす（④）。

この④について、現代の言語学、日本語学においては、一つ一つの音素が「義」を備えているとはみていないけれども、それを措《お》けば、「一声ごとに霊」があるというとらえかたは、おおむね妥当といえるだろう。

「七十五声」は五十音に濁音二十、半濁音五を加えたものと思われるが、日本語を「七十五声」に分け、その一つ一つの「音声」が「義」をもつという中村孝道の「言霊音義説」は「皇国のもと」と結びついている。

**†大石凝真素美の「真実の鏡」**

望月幸知の孫の大石凝真素美は、中村孝道の説をもとにして、それに山口志道の『水穂伝』の説を加え、両者を統合しながら自身の言霊説を展開したと考えられている。明治三十六年に成った『大日本言霊』には「真素美の鏡」と題された表(図13)が載せられている。この図13は『大石凝真素美全集』第一巻(一九八一年、八幡書店)より引用させていただいた。

いわゆる濁音二十音、半濁音五音を五十音に加えた七十五音が、最上段にカ行、最下段

眞素美の鏡

| | 顯外 | | 天津中道 | 幽内 | | |
|---|---|---|---|---|---|---|
| 天之座 | き | け | く | こ | か | 歯之音 |
| | ぎ | げ | ぐ | ご | が | |
| | ぢ | で | づ | ど | だ | |
| 火之座 | ち | て | つ | と | た | 舌之音 |
| | り | れ | る | ろ | ら | |
| | に | ね | ぬ | の | な | |
| 結之座 | ひ | へ | ふ | ほ | は | 口之音 |
| | し | せ | す | そ | さ | |
| | じ | ぜ | ず | ぞ | ざ | |
| 水之座 | ぴ | ぺ | ぷ | ぽ | ぱ | 唇之音 |
| | び | べ | ぶ | ぼ | ば | |
| | み | め | む | も | ま | |
| 地之座 | い | え | ゆ | よ | や | 喉之音 |
| | ゐ | え | う | を | わ | |
| | い | ゑ | う | お | あ | |
| | 歯 | 舌 | 口 | 唇 | 喉 | |

図13

にア行を置くかたちで表になっている。そして「六角切り子」なるかたちによって、各「声」が説明されている。図14は、「す声」の「六角切り子」である。「六角切り子」の最上段には「真中真心也《マナカナリ》」「中に集る言霊」とある。左下のあたりには

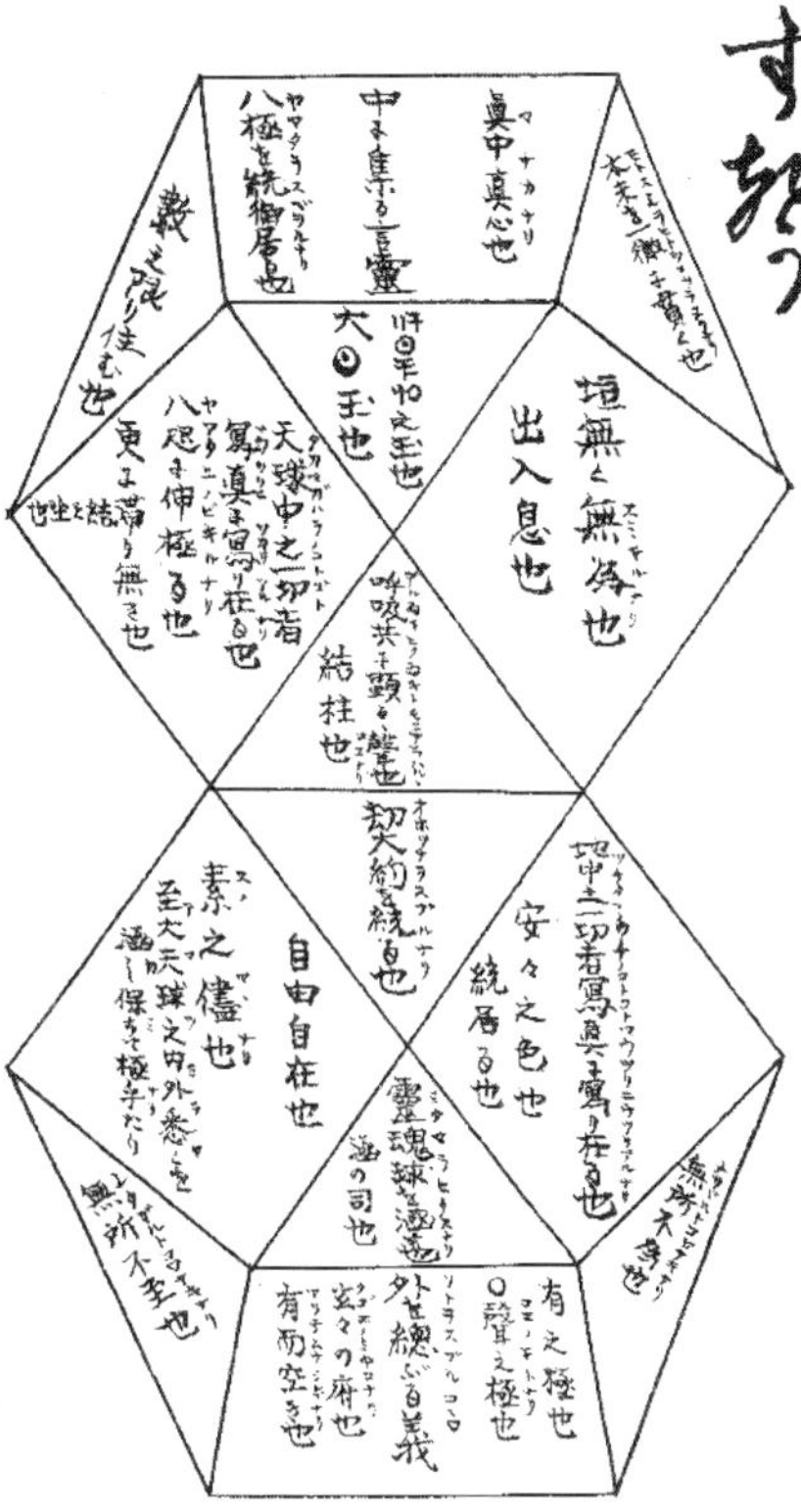


図14

「自由自在也」「素《ス》之《ノ》儘《マヽ》也」とある。このように一つ一つの「声」にどのような「義」があるかを説いている。

ここまで江戸時代を中心に明治初期頃までの「言霊」「音義説」について述べてきた。先にも少しふれたが、江戸時代は、近代語の時代にあたる。そのために、過去に使われていた日本語、特に奈良時代、平安時代＝古代語との違いがはっきりと認識されるようになった。

古代の日本がどうであったかということについての「探究心」が高まり、「探究」は古代日本語であらわされたテキスト＝文献を正確に読み解くという「方法」によって行なわれた。『万葉集』『古事記』『日本書紀』といった八世紀の日本語であらわされたテキスト＝文献がその「探究」の対象となり、多くの人がそうしたテキスト＝文献の解読にエネルギーを注いだ。

「探究」は「分解的」な方向に傾き、（もちろん用語は異なるけれども）文を語に分け、語を音節に分け、さらには音素に分けるというように展開していく。語が語義をもっていることからすれば、語を分解していけば、語義も分解されて、音節や音素に「残る」ということは、さほど不自然な「みかた」とはいえないであろう。
あるいは逆に、音素や音節がもっていた「義」が次第に大きな言語単位にまとまっていって、語義が成るという「みかた」もありそうだ。したがって、仮名の一つ一つに何らかの「義」がある、音素の一つ一つに何らかの「義」があるという「みかた」自体は蒙昧なものとはいえないだろう。

音義説を過去の蒙昧な説として笑うことはむしろたやすいが、笑いとばせるほど現代は「みかた」が安定しているかという、問いはあってもよい。それは「科学」とは何か、という問いにつながっているようにみえる。

次の章では、江戸時代の「言霊音義説」の中でも、いわば異彩を放つ、富士谷御杖についてとりあげてみたい。

註2-1

天地は、阿米都知《アメツチ》の漢字《カラモジ》にして、天は阿米《アメ》なり、かくて阿米《アメ》てふ名義《ナノココロ》は、未だ思ひ得ず、抑諸《モロモロ》の言《コト》の、然云本《シカイフモト》の意《ココロ》を釈《トク》は、甚難《イトカタ》きわざなるを、強《シヒ》て解《トカ》むとすれば、必僻《ヒガ》める説《コト》の出来《イデク》るものなり、「古へも今も、世ノ人の釈《トケ》る説《コト》ども、十に八九は当《アタ》らぬことのみなり、凡て皇国《ミクニ》の古言は、ただに其ノ物其ノ事のあるかたちのままに、やすく云初名《イヒソメナ》づけ初《ソメ》たることにして、さらに深き理などを思ひて言《イヘ》る物には非れば、そのこころばへを以テ釈《トク》べきわざなるに、世々の識者《モノシリビト》、其ノ上ツ代の言語《コトドヒ》の本づけるこころばへをば、よくも考へずて、ひたぶるに漢意《カラゴコロ》にならひて釈《トク》ゆゑに、すべて当《アタ》りがたし、彼ノ漢国《カラクニ》も、上ツ代の言《コト》の本は、さしもこちたくはあらざりけむを、彼ノ国俗《クニワザ》として、何事にもただ理と云フ物を先《サキ》にたてて、言の意を釈《トク》にも、ただその理を旨《ムネ》とせる故に、皆強説《シヒゴト》なるをや、かくて近きころ古学《イニシヘマナビ》始まりては、漢意《カラゴコロ》を以テ釈《トク》ことの悪《ワロ》きをば、暁《サト》れる人も有て、古意《イニシヘゴコロ》もて釈《トク》とはすめれど、其将説得《ソレハタトキウ》ることは、猶稀《マレ》になむありける」（以下略）

註2-2

哥よみ、ふみかく人はいふもさらなり。すべて、いにしへまなびにこゝろざゝむには、まづむねと詞の道にぞわけいるべき。そは、いにしへの書《フミ》どもの文《フミ》にまれ、哥にまれ、ふかき心をこまやかにしらむには、てにをはのこゝろばへ、辞《コトバ》のはたらきなど、その代の物いひざまのねむごろなるさま、みやびかなるさまなど、ふかくこまやかにあぢはへしらでは、えあるまじければなり。

かれ詞の学びにしては、いはゆる五十連《イツラ》のこゑのたてぬきによりて、正し考ふべきなり。そもそも此五十連《コノイツラ》の音《コヱ》といふ物は、人の口よりいづる音《コヱ》のかぎりをつくして、たてはたてのまにまに、よこはよこのまにまに、ゆきとほりたらひてなむあれば、辞《コトバ》のすぢすぢ千《チヂ》にかよはせ、萬《ヨロヅ》に転《ウツロ》はせて、考へこゝろむるに、一としてまぎるゝことなく、あやしくくすしく妙なる物なりけり。そは、てにをはのととのへ、かなづかひのさだまりをはじめ、言《コトバ》ののびちゞみ、言《コトバ》のきれつゞき、自他《コナタカナタ》のいひざまなど、皆この経緯《タテヌキ》のすぢすぢに引よせて、わきまへたどるに、いとかすかなる言のたよりのはぶき詞、はかなき俚言のかたはしまで、露ばかりもみだれまぎるゝことなくなむありける。されば、此八巷にわきまへられたる詞の活用の四段にわたり、一段にかぎり、中の二段、しもの二段などとて、四種にわかれたるも、もはら此段々によりて、考へ定められざることなし。かくてかの仮辞づかひの書、てにをはの書どもは、さきざき皆考へあらはされて、今はおぼつかなきくまぐまもなかめるを、此言葉のはたらきといふことは、いまだ世にあげつらへる人もなく、をしへさとしたる書も見えざりければ、こたび鈴屋大人の真子、いまの本居大人と聞ゆる春庭君、よろづに考へわたして、この二巻になむあらはし出給ひける。これぞ言葉の道のこまやかなるすぢすぢわきまへたどるべき、いみしきしるべ書にはありける。かくいふは、文化三年五月十三日、尾張植松有信。

註2-3
左註には「植松有信主はとしごろ古事記伝板にゐる事をとりていといとまめやかに心いれて物せらるゝに、こたみ又此人の家に屋どれる、日ごろのあるじのねもごろなる心ばへ、うちそへてかたかたいとうれしく思ふを、三月の末つかた国にかへらんとすること、けふあすになりければ」とある。

註2-4
「すめら御国の言葉のいともいともあやしくくすしくたへなる事はいふもさらにて又其つかひさまなとおのつからさたまり有ていと正しくいささかもたかふ事のなきもいといとくすしきわさになむ有ける」と書き起こしている。ここでは「あやしくくすしくたへなる」

註2-5
これの日のいつる国は、いつらのこゝろのまにまに、ことをなして、よろつの事をくちづからいひ伝へるくに也。それの日さかる国は、万つの事にかたを書てしるしとする国なり。かれの日の

いる国は、いつらはかりのこゑにかたを書て、万つの事にわたし用る国なり、（略）そもそも此国の上つ代より用来りて、定め有ことばの分ちは横の音にこそあれ、其一つはことはしむるこゑ、二つはことうごかぬこゑ、三つはこと動くこゑ、四つはことおふするこゑ、五つはことたすくるこゑ也。こを分ちしる時こそ、こゝの言は明らかなれ、しかあれば、此ぞ此ことばの国の天地の神祖《カミロギ》の教へ給ひしことにして、他国《ヒトクニ》にはあらぬ言のためしなることを知へし。（略）故《カレ》いにしへより言霊の幸はふ国ととなふなり。

註2-6

篤胤は「其古語の本辞と称《イ》ふべき語を稽《カムカ》ふるに、必ず二言の語に極りて、其語凡《スベ》て二千二十五言ぞ有ける。姑《シバラ》く是に五十聯《イツラ》の音の一言なるを合すれば、二千七十五言、これ本辞にして、此余に、三言四言五言六言なる語《コトバ》、いく千万づの限り無らむも、〔此本辞の／外なるは〕異国の語を除《オキ》ては、唯一《タダヒトツ》だに有こと無く、今集むる言ども、即ち有ゆる言語の経言《タテコト》なるが故に、乃経とは名くるなり」と述べている。

註2-7

篤胤は「さて、言語は、声音より起ること素にて、其五十聯の声音に、各自然に意《ココロ》あり、象《スガタ》あり、形《カタチ》あり。其は人の世に経る、事わざ繁き物なれば、見る物聞く物につけて、情その中に動きて、其声種に発る。然るは物有れば必ず象あり。象有れば必ず目に映る、目に映れば必ず情に思ふ。情に思へば必ず声に出づ。其声や、必ず其見る物の形象に因りて、其形象《アリカタ》なる声あり。此を音象《ネイロ》と謂ふ」と述べている。

註2-8

漢字三音考にいはく、皇大御国ハ、天地ノ間ニアラユル萬ノ国ヲ御照シ坐マス。天照大御神ノ御生坐ル本ツ御国ニシテ、即チ其御後ノ皇統、天地ト共ニ動キナク無窮ニ伝ハリ坐テ、千萬御代マデ天ノ下ヲ統御ス御国ナレバ、懸マクモ可畏天皇ノ尊ク坐マスコト、天地ノ間ニ二ツナクシテ、萬ノ国ノ大君ニ坐マセバ、異国ノ王等ハ、悉ク臣ト称シテ、吾御国ニ服事ルベキ理リ著明シ。（略）サテ如此尊ク萬ノ国ニ上タル御国ナルガ故ニ、方位モ萬ノ国ノ初ニ居テ、人身ノ元首ノ如ク、萬ノ物ノ事モ、皆勝レテ美キ中ニ、殊ニ人ノ声音言語ノ正シク美タキコト、亦敻《ハルカ》ニ萬ノ国ニ優テ、其音晴朗ト清クアザヤカニシテ、譬ヘバイトヨク晴タル天ヲ日中ニ仰ギ瞻ルガ如ク、イサ

曙漸《アケホノヤウヤク》白して樹々の言葉《コトノハ》も文分頃《アヤワカルコロ》文化十二年長月の末荷田訓之《カタノノリユキ》［下総国／古河産］吾庵を尋来て古伝たるものを授《サック》。然して其伝の余れるを省《ハフキ》、足《タラ》ざるを補ひ、旦夕《アシタユフベ》に努《ツトメ》て御霊の霊なることを悟《サトル》。

**註2-11**

山口志道は「皇国《ミクニ》の学は万物一に止《トトマル》ことを原《モト》とす。故に天地初発《アメツチノハジマリ》に一の凝《コリ》をなし、其凝《コリ》より火《ヒ》水《ミツ》の二つに別て火を父と云、水を母といふ。其父の火霊《カタマ》と母の水霊《ミタマ》と与《クミ》て、亦一つの凝《コリ》をなす。其凝の重濁《オモクニゴリ》たるは形となり、軽澄《カルクスミ》たるものは息《イキ》となり、其息母胎《ホタイ》を出て高現《タカクアラハレ》たるを音《コヱ》と云。其音《コヱ》の五十連《イツラ》なるを言霊といふ。［五十連の音わ／霊有て活用を云］其言にわ幸《サキ》有、佐《タスケ》有、火水《ヒミツ》有。是を与《クミ》て詞をなす。然はあれとも詞は音《コヱ》のみにして眼《メ》に見ること難。そを眼に見するものを形仮名といふ。其形仮名をもて、五十連の十行を記。火水《ヒミツ》の言《コト》、そを与開体用軽重清濁《クミヒラキタイヨウケウチウ》等の法則をもて詞の本を明にし、天地の水火《イキ》と人間《ヒト》の水火《イキ》と同一なることを知りて、家国を治の本は己《オノ》が呼吸《コキフ》の息に在ことを知る。博《ヒロク》天地のことわりを知むと欲せば、近は己か水火《イキ》を知にあり。是は神国の教なる。既に古事記の神代《カミヨ》の巻と唱るも水火与《イキクム》（カミヨ）の巻と云義にして、天地の水火《イキ》を与《クミ》て万物を生し人間《ヒト》の水火《イキ》を与《クミ》て言《モノイフ》ことの御伝《ミツタヘ》なり」と述べている。

註2-12

皇大御国《スメラオホミクニ》はしも言霊《コトダマ》の幸はふ国、言魂《コトダマ》のたすくる国にしあれば、千万《チヨロヅ》のこと、言の葉もてつたふる国なりけり。言語《コトヽヒ》のもとは音声《コヱ》にして、音声の始は阿《ア》なり。阿《ア》は天地《アメツチ》の自然《オノヅカラ》の音声《コヱ》にして、万《ヨロヅ》の音声の始なるが故に、人口をひらけば、おのづからに出るの音なり。言語《コトヽヒ》は耳《ミヽ》をもて知《シル》の音声《コヱ》、文字は眼《メ》をもてしるの形なり。故《カレ》、諸音《モロモロノコヱ》皆阿《ア》よりおこりて、又阿に約《ツヅマ》ることも、天地《アメツチ》の自然《オノヅカラ》のことわりにして、奇《クシ》く、霊《アヤ》しく妙《タヘ》なる活用《ハタラキ》あるものなり。所謂《イハユル》五十聯音《イツラノコヱ》も阿《ア》の一音よりおこりて遠《トホ》くは天地《アメツチ》にとほり近くは父母《チヽハヽ》をなせり。凡天地の間の言語は五十聯音にてたれりといへども、猶こまかにいへば、正音五十音「四十七音にいうえの三音を重ね／出して五十音とすること下にいふべし」に濁音二十音「ガギグゲゴ。ザジズゼゾ。／ダヂヅデド。バビブベボ。」を加へて、都て七十音にて尽《ツク》せり。其七十音も濁音二十音は元来五十音の内にありて、本来は五十音なり。五十音はもと阿《ア》の一音より出て活用すれは千言万語《チヨロヅノコトバ》となり、約《ツヅム》れば阿《ア》の一音に反《カヘ》れり。

第三章

# 富士谷御杖の言霊倒語説

## †形而上学的な解釈学

本章では、江戸期における「言霊」をめぐる言説の中でもひときわ異彩を放ち、詩的言語のとらえかたとしてもきわめて興味深い、富士谷御杖の「言霊倒語説」と呼ばれる言説に注目してみたい。十八世紀に、御杖によって述べられた言説を、令和となった現代、二十一世紀の日本語によって、説明し、理解するということが、「今、御杖を理解する」ということであろう。

富士谷御杖の言説に注目した人は少なくないが、つとに土田杏村《つちだきょうそん》（一八九一〜一九三四）は、『国文学の哲学的研究』（一九二七年、第一書房）の第三章を「御杖の言霊論」と題して、その言説について論じている。

土田杏村は、昭和二年に刊行された右の著書において、「断定は、肯定と同時に或る否定」だという。何か言語を発すると、そこに「一面的に決定」されてしまった「或る世界」が現われ、その一方で、具体的かつ全体的な「或る方面は否定」される。言語は一度に全体を捉えることができない。目の前に咲いているタンポポを言語で表現しようとすれば、花から説明するか、全体の「イメージ」から説明するか、そういう「選択」をせざるをえない。何かを選択するということは、選択されなかった何かがある、ということだ。

言語学では選択されて言語化されたものは「顕在化」し、選択されずに言語化されなかったものは「潜在化」したとみる。言語とはそういうものであるが、富士谷御杖の言説は、そういうことを述べているように思われる。

富士谷御杖（一七六八〜一八二三）は、国学者・富士谷成章の長男として生まれた。初めは「成寿《なりのぶ》」と名乗っていたが、寛政五（一七九三）年に、主君の名を憚《はばか》って「成元《なりはる》」と改名し、さらに『古事記燈《こじきともしび》』の著作に専念していた文化八（一八一一）年に「御杖」と改名している。本章では一貫して「御杖」を使うことにする。

父・富士谷成章は、品詞分類、用言の活用、助詞・助動詞類の語義、用法の研究などにおいて現代においても高く評価されており、御杖が十二歳の時に亡くなっている。歌語を「名＝体言」「挿頭《かざし》＝副用言類」「装《よそい》＝用言」「脚結《あゆい》＝助詞・助動詞類」に分類した『あゆひ抄』『挿頭抄』などの著述がある。

本章では御杖の「言霊倒語説」を整理しながら、御杖がどのように「言霊」をとらえ、定位させようとしていたかについて考えてみたい。御杖の「言霊倒語説」はいくつかの概念から成り立っているので、それを少しずつ整理していくことにしたい。

## †ひとえ心とひたぶる心

御杖の著述『真言弁《まことのべん》』は写本でのみ残されている。図15は筆者が所持している本の一部である。

以下、同書を引用するが、「此故に後悔とみゆみゆる哥は」の、「みゆみゆる」は丁が移ったことによる重複書写なので、「みゆる」と理解すればよいだろう。その「みゆる」から図15に該当する。まず「翻字」を示してみよう。ここでは句読点やルビだけでなく、

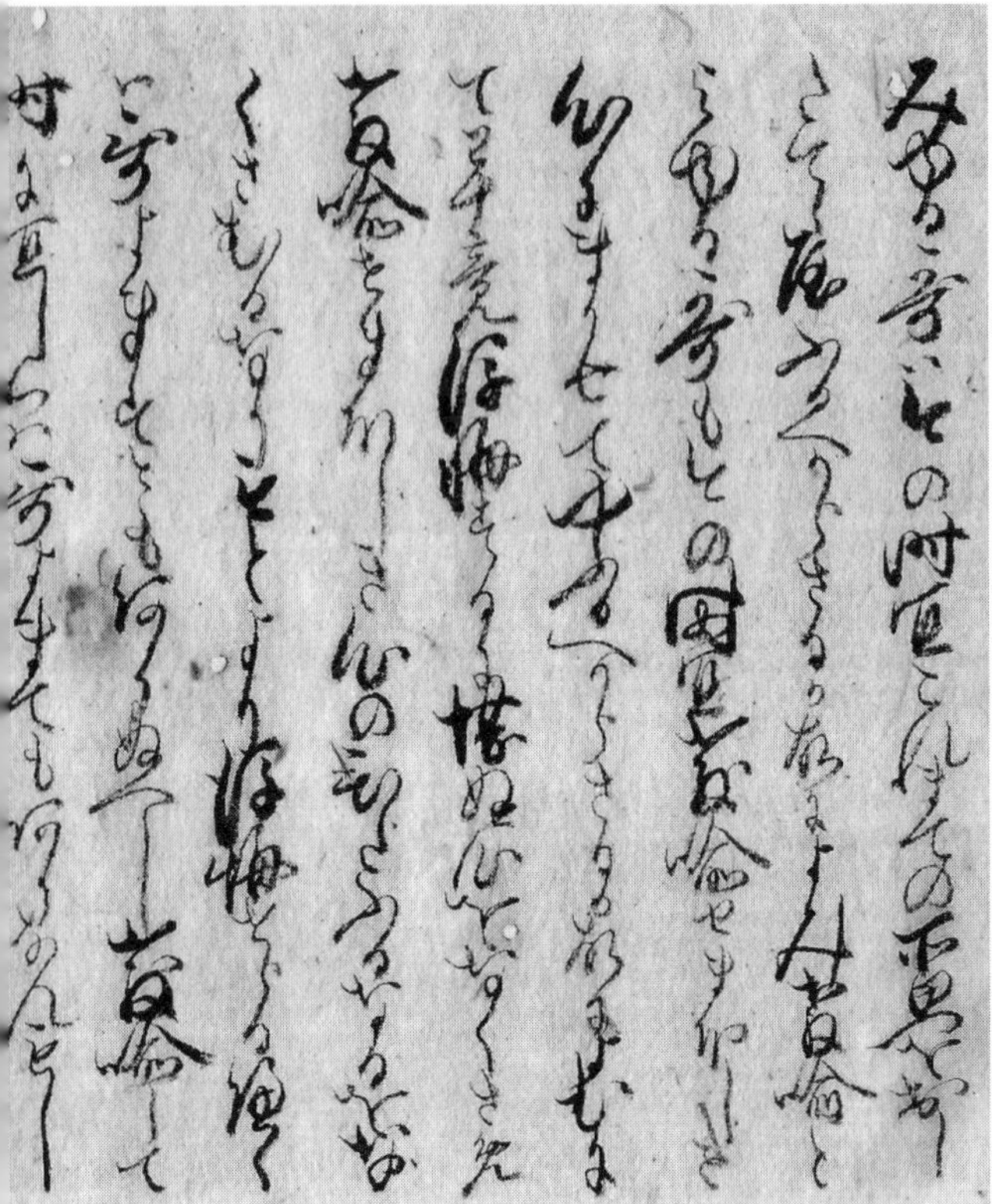

図 15

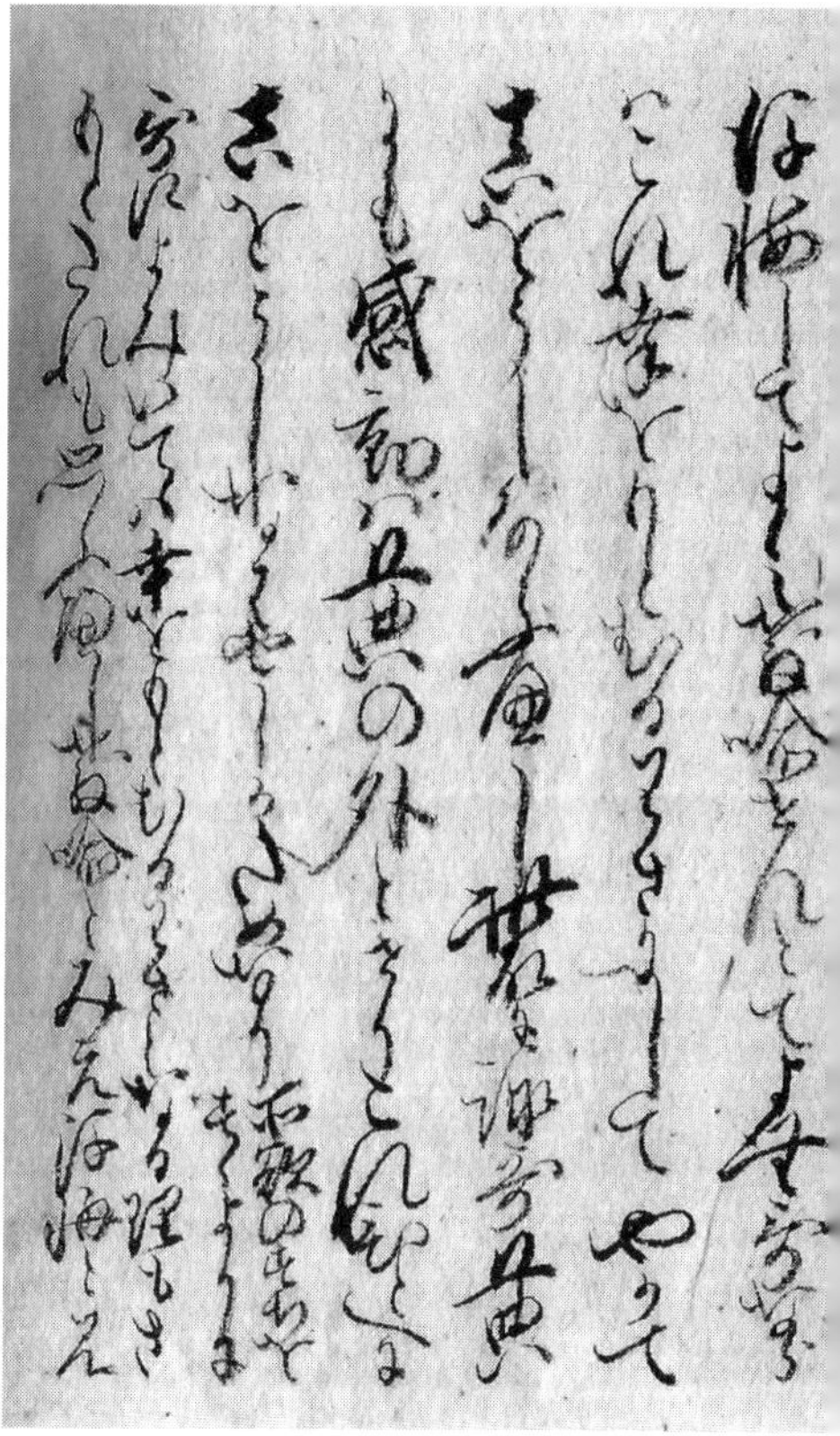

濁点も補った。

哥《ウタ》もと鬱情《ウツジョウ》を托《タク》し、時を全うする事専用の物なれば、後悔と見ゆるも、教喩《キョウユ》と見ゆるも、ただその哥を見る人の心にて、哥ぬしはひとへに時をやぶらじの歎なり。此故に後悔とみゆみゆる哥は、今の時宜、これまでの所思《ショシ》をおしたててやぶるべからざるが故によみ、教喩とみゆる哥も、今の時宜、教喩せまほしき心にまかせてやぶるべからざるが故によむにて、畢竟《ヒツキヨウ》後悔するに堪《タエ》ぬ心をなぐさめ、教喩せまほしき心のひたぶるなるをなぐさむるなり。もとより後悔せらるべくば、哥よまずともありぬべし。教喩して、時に宜しくば、哥よまでもありなん。もし後悔してよみ、教喩せんとてよむ哥ならば、これ幸をもとむるわざにして、やがて真をうしなふべし。此故に、詠歌五典にも、感動は五典の外とせり。これひとへに、真をうしなはせじがためなり。

この内容について整理してみたい。

〈和歌は「鬱情」すなわちさまざまに鬱屈した気持ちを托すためのものだから、「後悔」や「教喩」をうたったようにみえる歌も、そうではないはずだ〉と、御杖はいう。〈「哥ぬし」すなわち歌の作者は、自身の「所思」を前面に出して「今の時宜」をやぶるということが不都合であることがわかっているがために、そうしないために歌をよむ。「後悔するに堪」えられない心を慰め、「教喩」したいという心が「ひたぶる」であることを慰めるために歌をよむ。後悔するのであれば、歌をよまなくてもよいし、時宜をやぶらないで「教喩」できるのであるならば、歌をよまなくてもいい。また、後悔したから歌をよむ、教喩しようとして歌をよむのであれば、それは「幸をもとむる」行為になり、「やがて真をうしなふ」〉。

御杖は右の言説に続いて「五典」ということを述べている（註3-1）。「五典」の第一は「偏心《ヒトエゴコロ》」、第二は「知時」、第三は「一向心《ヒタブルココロ》」、第四は「詠歌」、第五は「全時」であるという。

〈つねひごろ、「神道」によって身心を修めていても、知らず知らずのうちに修めきれない「偏心《ヒトエゴコロ》」が「根」となってしまうことがあるから、まず第一にこの「偏心」を断つことが大事である〉。

〈そうして「根」となっている「偏心」が「時宜」にあってしまうと、かならず「わざはひ」を招く。だからその「偏心」をすかして、「わざはひ」を招かないように、「時」を知る、「時宜」をよく知ることが第二である〉。

〈しかしそれがわかってはいても、それでもなお、「所欲」を達成したいという「一向心《ヒタブルココロ》」が「時宜」を破ろうとすることがある。自身の「一向心」が「時宜」を破れば、その「むくひ」が必ずある〉。

右ではそこまでは述べられていないけれども、だから自身の内なる「ひたぶる心＝一向心」を見つめ、できればコントロールする必要がある。

〈「一向心」は行為に出してしまえば、「むくひ」があるが、それもできず、またおさめることもできないのであれば、それを「哥」にする。それが第四の「詠歌」である〉。

〈「一向心」を「哥」にすることによって、その「いきほひ」はくじけ、言ってはならないし、してはならない「時宜」も全うできる。これが第五の「全時」である〉。

御杖にとっての「詠歌の大規範」「詠歌」に到るまでのプロセスはこういうことであった。そうやってかたちづくられた「哥」の「詞」は「哥ぬしの真言」だという。そういう「真言」のみを「哥」にするべきだという。

## †言語と詠歌

『真言弁《まことのべん》』において御杖は「言語」と「詠歌」との「差別」すなわち違いについて述べる。具体的にどのように述べているかは、註3-2に示したので、ここでは御杖の表現を使いながら、述べていることを要約、整理してみよう。

御杖は「言語」は「彼我の間の情を通はする」ものだと述べる。これは今風にいえば、

「コミュニケーション」であろう。筆者の表現でいえば「伝達言語」だ。「哥」は、神に奉ったり、人に送ることもあるが、その専門は自身の「鬱情を托する」ことだという。そして「言語は無形」で「詠歌は有形」だと述べる。ここでいう「有形」は「文字の数」あるいは「句の数」などが定まっている、つまり定型であるということだ。「無形」はそうしたことが定まっていない、非定型である、すなわち言語量に制限がないことの謂いだ。

筆者はこれまでも、言語には「伝達言語」と「詩的言語」とがあると分類してきた。「詩的言語」によって広い意味合いでの「コミュニケーション」がはかれないわけではないが、「情報」を（比較的）直接的にやりとりする「伝達言語」を一方に置けば、「詩的言語」は「感性・感覚を言語化したもの」といった位置付けになる。御杖にちかづけて表現すれば、「やむにやまれない気持ち（鬱情）を言語化したもの」ということになる。その「やむにやまれない気持ち」を定型という器の中に入れた時に、自身がかかえていた「鬱情」は自身の内部では死に、言語の中に生きる。自身の内部の「鬱情」が死んだのだから、その「鬱情」が自身を責め悩ますことはない。

## †直言に言霊なし

神武紀の即位と立后について、『日本書紀』巻第三には次のようにある。

初天皇草創天基之日也、大伴氏之遠祖道臣命帥大来目部奉承密策、能以諷歌倒語掃蕩妖気。倒語之用始起乎茲

これは「初めて、天皇、天基《アマツヒツギ》を草創《ハジ》めたまひし日に、大伴氏が遠祖《トオツオヤ》道臣命《ミチノオミノミコト》、大来目《オオクメ》部《ラ》を帥《ヒキ》ゐ、密策《シノビノハカリコト》を奉承《ウケタマハ》り、能《ヨ》く諷歌《ソヘウタ》、倒語《サカシマゴト》を以て妖気を掃蕩《ハラ》へり。倒語の用ゐられるは、始めて茲《ココ》に起れり」つまり、〈初めて天皇が天つ日《あまつのひ》嗣《つぎ》（皇位継承のこと）の大業を草創された日に、大伴氏の遠祖である道臣命が大来目部を率いてひそかな策を承り、諷歌と倒語とによって妖気をはらった。倒語はここで初めて使われるようになった〉という内容だ。

御杖は『歌道挙要』において、右の神武紀のくだりを引いて、「倒語」について説明をしている（註3-3）。御杖はまず、「事」と「情」とを分けた。御杖が重視しているのは「情」である。

御杖が『真言弁』で掲げた「五典」の第四は「詠歌」（歌を詠むこと）、第五は「全時」

（時を全うすること）であったが、「五典」の外として、第六に「感通」を挙げている。「感通」とは「感動」である。

行くのを行かないといい、見ているのに、見ていないというのは、いわば「行為」における「倒語」ということになる。「行為」は確認できることが多いが、「情」は確認しにくい。御杖は自分以外の「人」が「情」に「同意」してくれるということを重視し、「倒語」はそのための「妙法」であると述べている。

『歌道挙要』で御杖は、「直言にはこの言霊なし」と述べ、「直を除きたる詞」には神が宿って、「いはざる所のわが情をたすけ」てくれる。その「詞をつかさど」っている神が「言霊」だと述べている。自分の思い（情）を、そのまま直《じか》にいうのは、まさしく直接的で強引であるので、神のみこころが哀れみ給わない。

## †倒語の二様

御杖は「言霊」のない「直言」と、「言霊」の宿る「倒語」とを対立的にみていると思われる。そして「倒語に二様」があるという。

一つは「比喩」でもう一つは「外へそらす」である。「ヒユ（比喩）」は現代日本語でも使っている語であるので、こういう語が江戸時代に使われていたか、と思われるかもしれないが、『万葉集』にも（漢字列が異なるが）「譬喩歌（ひゆか）」という部類がすでにみられる。「正述心緒歌（ただにおもいをのぶるうた）」や「寄物陳思歌（ものによせておもいをのぶるうた）」とともに、「譬喩歌」も表現のしかたによる分類で、心情を表にあらわさず、隠喩的に詠まれた歌を指すものと考えられている。多くは恋愛感情を詠んでいる。「正述心緒歌」は心に思うことを直接そのまま表現する歌のことで、詩の六義（風・賦・比・興・雅・頌）のうちの「賦」にあたる。また「寄物陳思歌」は、心に思うことを直接表現するのではなく、何らかの「物」をかりて表現した歌のことで、詩の六義のうちの「比」にあたる。

御杖は『歌道挙要』において、「比喩*」は「花の散」ということで、無常を思わせ、松が常葉であることを述べることによって「人のことぶき」を思わせるのだと述べているので、これは現在いうところの「隠喩（メタファー）」にあたるとみてよいだろう。

**＊一は比喩なり。比喩はたとへば、花の散をもて無常を思はせ、松のときはなるをいひて、人のことぶきをさとせる、これ也。**

もう一つは「外へそらす*」だという。恋人に会いたいというところを恋人の家を見たいという。ほんとうは家が見たいのではなく、恋人に会いたいのであるが、それを直接そういわずに、恋人が住んでいる家が見たいという。これは言語学でいうところの「換喩（メトニミー）」にあたりそうだ。

**＊二には比喩にはあらずして、外へそらす、これ也。たとはば、妹をみまほしといふをば、妹が家をみまほしとよみ、人の贈りものを謝するに、其物の無類なるよしをよむ類也。**

哲学者の中村雄二郎は、『制度と情念と』（一九七二年、中央公論社）において「この二つは、それぞれ、最近ヨーロッパの言語学で重要視されるようになった「隠喩」（メタファ）と「換喩」（メトニミー）にほかならないと言っていいのではなかろうか、と指摘している。R・ヤコブソンは「隠喩」を言語行為における選択軸（適切な語がそこから選ばれる軸）に沿っての類似語の置きかえ、「換喩」を結合軸（選ばれた語のあれこれを文として結合する軸）に沿って、近接語の置きかえ、としてとらえた。また、J・ラカンによって、人間の欲望が換喩的構造をもっていること。これに対して精神病者の症候は隠喩的構造をもっていることが明らかにされた。御杖の「倒語」は人間の情念（欲望や深層意識を含む）の本質を言語的によくとらえていたわけである。そして、たとえばこの「倒語」のような理論があったことは、和歌（広くは和文）において、日本語が、感情や情念の間接的表現に関して、高度の発達をとげてきたことを示している」（一八三〜一八四頁）と述べた。また、坂部恵も『仮面の解釈学』（一九七六年、東京大学出版会）において「ここにいう「比喩」が今日の言語学でいう〈隠喩〉に、「外へそらす」ことが〈換喩〉にあたる」（二三一頁）と分析している。

言語学は、「隠喩」「換喩」を人間の「認知」と結びつけた。それは、どのような語によってどのような語を喩えるかという、人間の「心性」への興味といってもよい。しかし、おそらく御杖はそこに興味をもったのではなく、どうすれば、「情」が共有できるか、共感できるか、情によって人が動かされるか、というところに関心があった。「関心があった」は表現として軽すぎるかもしれない。歌を、生きていくということと結びつけていると思われる御杖にとって、それは関心事を超えて、「人が生きる」ということと直結していたように思われる。

## †表裏境

御杖は『真言弁』において「詞に表裏境といふものあり」と述べている（註3-4）。そして『北辺髄脳《きたのべ》』においてその「表裏境」について具体的に説明をしている（註3-5）。この

「表裏境」は御杖のキーワードでもあるので、それについて考えてみたい。

御杖は、「松」は「柏」でも「榊」でもないということで「名づけ」られているのだという。もしもこの世に柏も榊もないのであれば、松と「名づくるにも及ば」ないという。だから「表」に対しての「裏」はかならずあり、「裏」があれば必ず「境」があるという。ここでは、「境」ははっきりと説明されていないように思われる。

語は他の語との「差異」によって存在しているという「みかた」が現在の言語学の「みかた」であるが、御杖が述べていることは、限りなくその「みかた」にちかい。右では「名づける」と表現されているが、「マツ（松）」という語は、（ある語義分野において）「カシワ（柏）」や「サカキ（榊）」という語があるからあるのであって、「カシワ」も「サカキ」もなければ「マツ」という語も必要ないという「みかた」は妥当といってよい。

表現のために、ある一つの語をとりあげて使えば、かならずとりあげられなかった他の語がある。それが御杖の「裏」ということになる。

また稿本『歌道非唯抄』（註3-6）においては「稽古」という表現とともに「表・裏・境」について述べられている。「稽古」であるので、「歌作」あるいはそれに伴なう「歌のよみ」という枠組みの中での説明といってよいだろう。

「歌の一大事」は「理」であるが、その「理」が「詞にいづるときは理屈」になり、「詞にかくるる時は無量の道理」となる。つまり、「理」が「理」として言語化されてしまうと、それは「理屈」になるが、「詞」の背後にある場合は「無量の道理」となる。人は「理屈」によって「屈服」はするが「感服」はしない。「理屈」は心よくないけれども、「理の当然」であるので、しかたがなく「甲《かぶと》をぬぐ」。「理」が「詞のうち」にある時は、それを「道理」としてとらえ、「理」を深く思いやり、相手の「心中を察して」、感動の涙をこぼして、従う。

これが「感服」で、御杖は歌が人を動かすこと、歌によって人が「感服」することが大事だと述べる。それと同時に、歌とはそういうものだととらえている。

「ミル（見）」という語はその否定形「ミズ」を「裏」に持つ。また、「キク（聞）」「オモフ（思）」というような語も「裏」に持つ。そういうことを推測することを「裏を推《お》す」と呼ぶ。

あらゆる語には「裏」になる語があるが、裏を推さないで語を選択し使うことはできる。しかし、よく裏を推さないと「見たいと思ったから見にきた」というような表現をしてしまう。「見にきた」のは「見たいと思ったから」に決まっているので、「見たいと思ったから」を言語化する必要はない。

「裏」までが言語化されてしまっているので、背後にもっているはずの「力」が「詞」に備わっていないことになる。

「近所まで来たから久しぶりに寄ってみたよ」としばらく会っていない友人に言う。接続助詞「カラ」は原因・理由をあらわす。したがって、「近所まで来た」が「久しぶりに寄った」原因・理由である。「詞」の上ではそうかもしれない。しかしそうではなく、「会いたいから寄った」というのが「裏を推す」という「よみ」だ。あるいはさらに推せば、久しぶりに会いたくなったから近所まで来たのかもしれない。それが「表現をよむ」ということだ。


御杖の言説では「裏」と「境」の違いが少しわかりにくい。「境」についての説明が少ない。「裏」をじっくりと探り、そこからさらに先を推すことが「境」であるように思われる。「境」はひとまず、そのように考えておくことにしよう。

「ミル」のように動詞であれば、その否定形「ミズ」が必ず存在する。それは必ず存在する「裏」だ。しかし、「ミル」を使えば、どんな場合でもその「裏」は「ミズ」ということではない。場合によっては、「キク」や「オモフ」が「裏」になる。だから、その語が

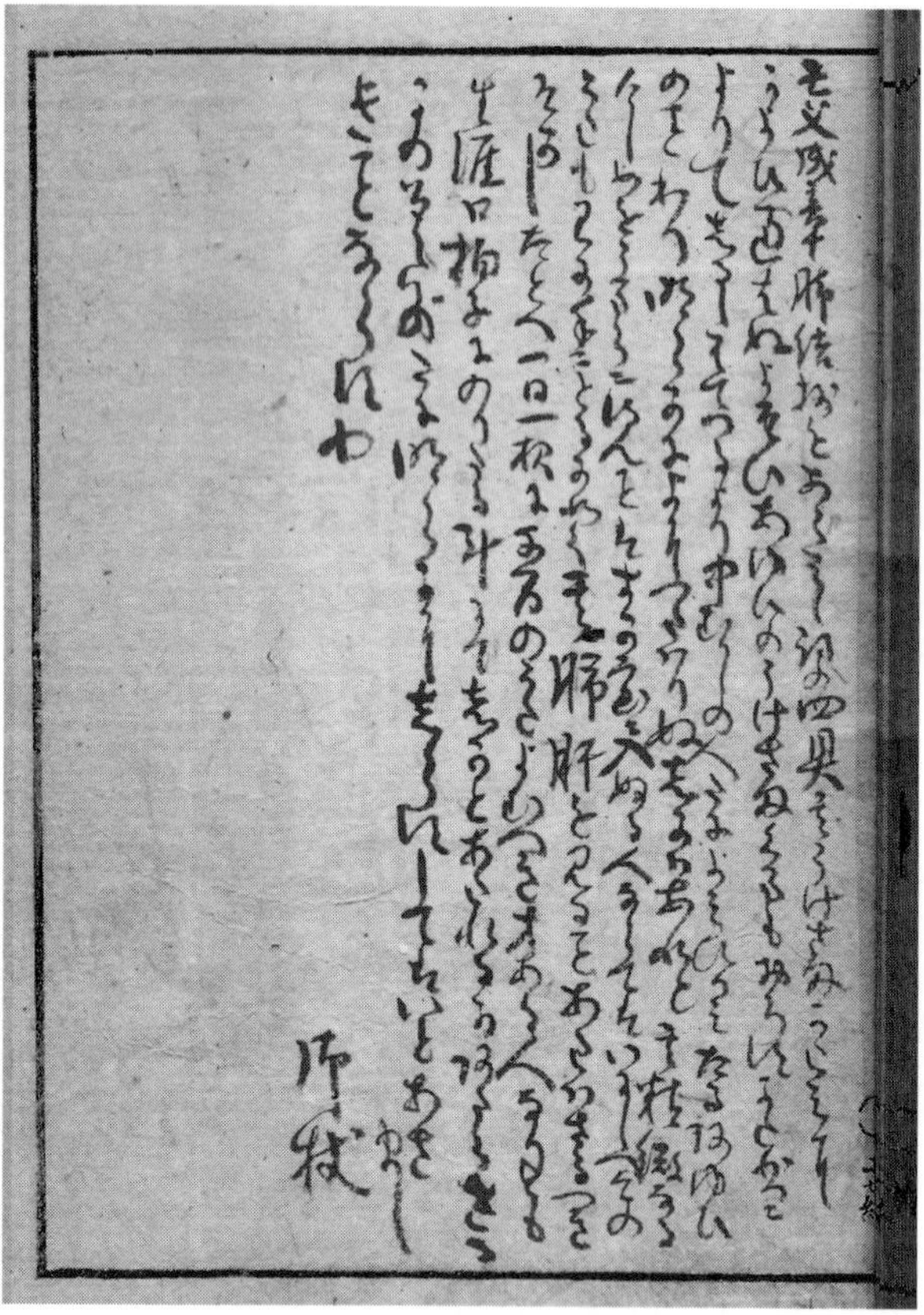

図 16

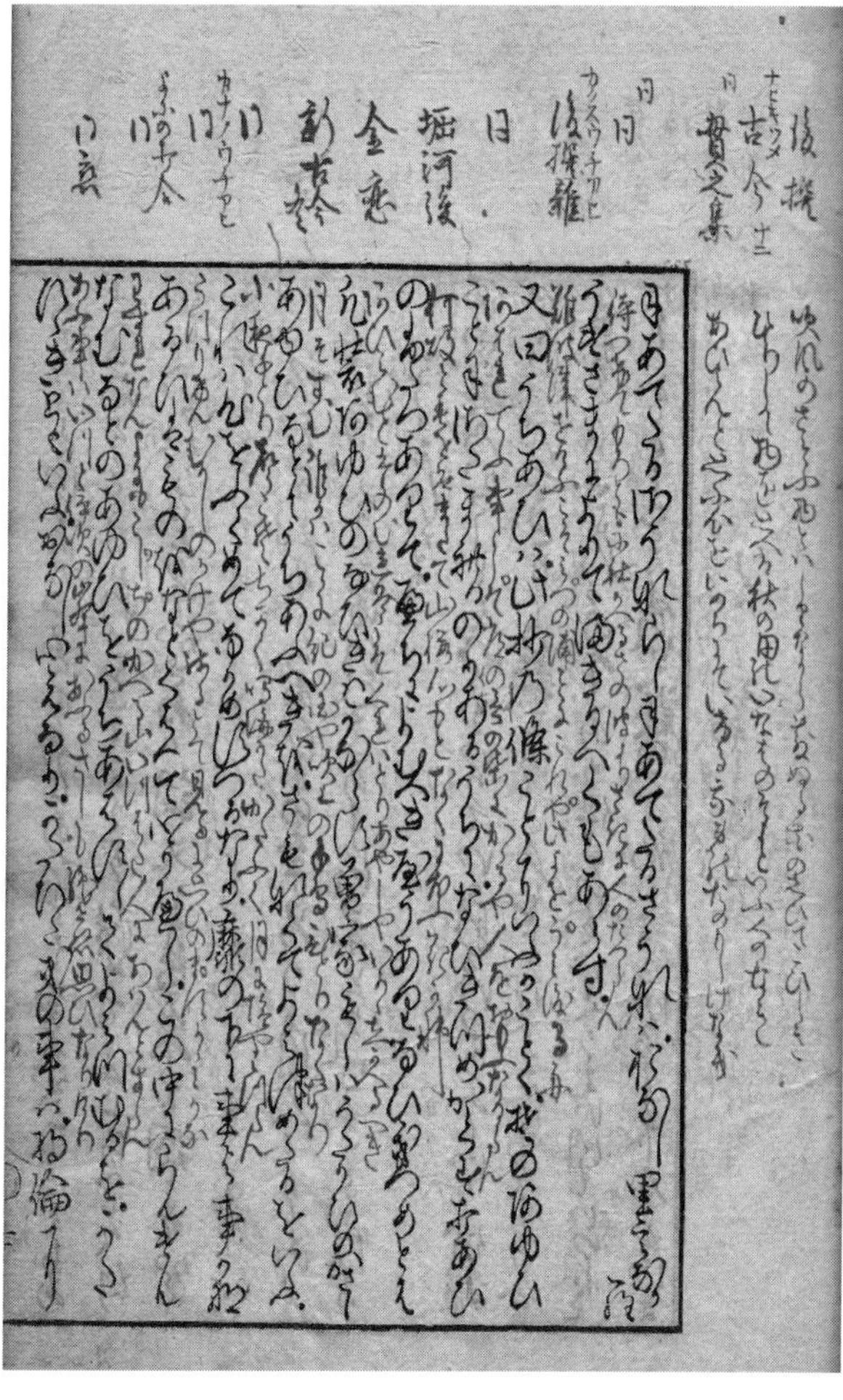
後撰
古今 十二
貫之集
後拾雑
堀河後
金葉
新古今

使われる文、文章、場面などによって「裏」が変わり、「定まりたる事はな」い。

## †「倒語」に気づく

本居宣長の『古事記伝』の初帙五冊（巻一〜五）は、寛政二（一七九〇）年九月に刊行されている。御杖が二十三歳の時のことであるが、この頃御杖は「倒語」ということに思い到っている。御杖は『神明憑談』にその頃のことを述べている（註3-7）。

そこには、御杖が「十一歳にして父をうしなひ」、叔父である成均や亡き父に学んで和歌をつくるようになったこと、もしも「歌をよむ事」が自分にも他人にも「益なき事」であるならば、亡き父の志であっても和歌をよむ事をやめて「経書の一巻も」読んだほうがいいのではないかと考えたこと、しかし「益ある事」があるのであれば、生涯和歌をよもうと思い、「古書」に沈潜し、二十三、二十四の頃にいろいろな疑問を解くことができたこと、伯父である皆川愿＝皆川淇園と話している時に「わが御国言の至妙なる事」を話したところ、「倒語のいたり深き事」に「大に感して予がふかく考たるを」賞讃してくれたことがしるされている。

筆者が所持している富士谷成章『あゆひ抄』には、空白頁に、図16右のような書き入れがある。書き入れは朱書で読みやすくないが「亡父成章脚結抄をあらはし」と始まり末尾にはっきり「御杖」とあり、御杖が父の著作である『あゆひ抄』に書き入れをしたものと思われる。他の箇所にも図16左のような書き入れがみられる。

図16左右の、異なる頁の書き入れは、筆致が少し異なるようにもみえる。したがって、両者の書き手は異なる可能性もあるだろう。ただし、「ナヒキツメ」「カクスウチアヒ」などの成章の用語も使われており、いずれにしても成章の考えを十分に理解した人物の書き入れであることは疑いない。

## †宣長と御杖……『古事記』をどうよむか

『古事記伝』第二帙六冊（巻六〜十二）は寛政四（一七九二）年に、第三帙六冊（巻十二〜十七）は寛政九（一七九七）年に刊行された。『古事記伝』四十四巻は、寛政十（一七九八）年六月に成るが、全巻の刊行が終了するのは、文政五（一八二二）年になる。

御杖の寛政二年から文政五年までを年表風に示しておこう。多田淳典『富士谷御杖の生涯』（一九九〇年、思文閣出版）を参考にさせていただいた。

寛政四（一七九二）年　九月　『詞葉新雅』刊行
　　　　　　　　　　十月　『歌道非唯抄』刊行
寛政五（一七九三）年　秋　『うたふくろ』全六巻刊行
寛政六（一七九四）年十二月　『和歌いれひも』成る。刊行は翌年
文化元（一八〇四）年　冬　『百人一首燈』刊行
文化四（一八〇七）年　五月　『古事記燈大旨』（改稿本）
　　　　　　　　　十一月　『古事記燈大旨』（脱稿本）
　　　　　　　　　　　　　『俳諧天爾波抄』刊行
文化五（一八〇八）年　初秋　『古事記燈大旨』上下刊行
文化八（一八一一）年　成元を御杖と改名する。
文政元（一八一八）年　三月　『万葉集燈』巻之六脱稿
文政五（一八二二）年　正月　『万葉集燈』全五巻刊行

御杖は『古事記燈大旨』において本居宣長の「論」（おそらくは『古事記伝』の言説）についても述べている（註3-8）。そこでは「宣長が論」が（おおむねは、ということであろうが）

あたっていることは「明らかなる事」だと述べ、その宣長の言説によって自身もこの『古事記』の「正しき」ことを知ったと述べている。御杖にとっても、『古事記』が「神典＝カノン」であった。しかしその一方で、宣長とは『古事記』の位置付けが異なることも述べる（註3-9）。

御杖は、『古事記』を「神典」と認め、それを読み解こうとする。しかし、どうみても、『古事記』に記されていることは「あやしき事」が多い。そのような「あやしく心えがたき」記事を「深くたづぬる」のは「から心」だと宣長はいう。では、そういう記事をわからないままにしておくのが「やまと心」だというのだろうか、と御杖は疑問を呈する。

宣長は「御国言」は「みやびをむねとする」と考えている。それは宣長の師、賀茂真淵の説くところである。そして『古事記』を「詞の表」だけをみて読み解こうとする。「かくれたる所」がないのが「御国ぶり」だという。

しかし、「御国言」に「かくれたる所」「隠れたる事」がないというその「みかた」には何の根拠もないのではないか。結局は「理」だけを説く「古来の神学者」と競ってそのように主張しているだけなのだと御杖はみている。

御杖の言説がつねに根拠の上に展開しているわけではないだろう。そうであったとしても、「拠」があって言説が展開するという意識があることには注目しておきたい。

御杖はまず『古事記』を「神典」と認めた。カノンなのだから、そこに記されていることも認める。しかしそれは何らかの「情報」を言語化したものだ。

宣長は、『古事記』を「神典」と認めたから、言語化のしかたも同時に認めた。しかし御杖は言語化のしかたは、特別なしかたであるのだと考えた。それが「倒語」である。

### †『古事記』は倒語で言語化されているのか？

御杖は「あやしき事」を具体的に述べている。

伊耶那岐命が迦具土神《カグツチノカミ》の頸《くび》を「十拳剣《トツカノツルギ》」で斬る場面がある。その場面の少し先に、「所斬之刀名、謂天之尾羽張、亦名、謂伊都之尾羽張」〈斬れる刀の名は、天之尾羽張《アメノヲハバリ》と謂ふ。亦の名は、伊都之尾羽張《イツノヲハバリ》と謂ふ〉とあって、刀の名が「天之尾羽張」別名「伊都之尾羽張」であったことが述べられている。さらに先に進むと「天安河々上之天石屋《アメノヤスノカワノカワカミノアメノイワヤ》」に「天之尾羽張神」がいて、その子が「建御雷之男神《タケミカヅチノヲノカミ》」であると述べられている。

こういうくだりに御杖は疑問をもち、「はじめはただ剣なるに、後にはかく活たるもののごとく子もあり、かつその御言までをあげられ」ていると述べる。あるいは、「八島士《ヤシマジ》奴美神《ヌミノカミ》の御子布波能母遅庇奴須奴神《フハノモヂクヌスヌノカミ》の御妻は、淤迦美神《オカミノカミ》の御名日河比売《ヒカハヒメ》なり、この淤迦美神は、伊耶那岐命の御子なれば大伯母なる事、いよいよあやしむべし、又菟和迩《ワニ》魚鳥などがものいひし事、また大国主神の御妻須世理比売は、速須佐之男命の御むすめなれば、五代以前の御女なり」と述べている。

「八島士奴美神」の子の「布波能母遅庇奴須奴神」が「淤迦美神」のむすめである「日河比売」を娶《めと》ったことがたしかに記されている。「淤迦美神」が「闇淤加美神《クラオカミノカミ》」と同じであるとすると、「闇淤迦美神」は伊耶那岐命が迦具土神の頸を斬った時に、刀の柄に集まった血が指の間から漏れ出て成っている。伊耶那岐命、伊耶那美命から「建速須佐之男命」が生まれ、その「建速須佐之男命」と「櫛名田比売」とから「八島士奴美神」が生まれているので、「布波能母遅庇奴須奴神」はたしかに、自身の「大伯母」すなわち祖父母の姉妹を娶ったことになる。

『古事記』を読むと、御杖が疑問に思ったような事がいろいろと記されている。『古事記』は何らかの「情報」を言語化したものである。「情報」と「言語化」ということでいえば、（ある時期の読者が）理解しがたい記述が散見することについては幾つかの考え方がある。

a　「言語化」側には原因がないが「情報」側に混乱があった。
b　「情報」側には混乱がないが、「言語化」側に原因があった。

aとbはまず考えられる二つの可能性である。御杖はbを考え、「倒語」といういわば特徴のある「言語化」がなされていると考えた。宣長の態度を「理解しがたい記述に目をつぶった」とまとめていいかどうか、であるが、それにちかいとすれば、少なくとも考え方としては、御杖の採った考え方が筋が通っているといえるだろう。

『古事記燈大旨』には「言霊弁」と題されたくだりがある（註3-10）。そのくだりにおいて、まず御杖は「詠歌」がただの「もてあそびぐさ」ではないと述べる。このこともおさえておきたい点である。

次に、「倒語」について述べている（註3-11）。

ある人が他の人に「俺は力が強いよな」と言った時、言われた人が「ほんとうに強い」と答えたとする。しかし、その人が「中心」すなわち「心のうち」からそう答えたとは限らない。たいていは自分がどうして彼に力が劣るだろうかと思う。しかしだからといって、「ほんとうに強い」という、「詞」による答えが、「いつわり」とはいえない。したがって、

「人の中心＝心のうち」は「問」によって問うことができないもので、「問」のような「直言」によって「人の中心＝心のうち」ははかることができない。「人の中心」に達しなければ、「言は無益」のものとなってしまう。

そして「倒語」は「いふといはざるとの間のもの」だという。思っているところを言っているのかと思えば、そうではなくて思っていない事をいう。その事について述べているのかと思えば、そうではない、それが「倒語の肝要」だという。

## †あやしみを導きとして言霊に思いいたる

御杖の言説の中で、筆者が注目したいのは、「言霊」は、邪か正かにかかわることではないと述べている点だ。すなわち言語化されている事柄、内容に「道理」があるかないか、ということではない。「古歌には」「ことわりたがへる事」〈道理を違えること〉が多い。しかしそれは、「霊を主とし、言を客として」いるからであるとみなければならない。具体的には〈古歌には「てにをは」の使い方にもあやしむべき事がある。その「あやしみ」を導きとすれば、言霊ということに思い入るものだ。詞があやしくなるのは、わざとあやしくするのではないが、言語化するかしないかという間《はざま》から詞が現出するために、自然とあやしくなる〉*と述べる。

> **＊ふるき哥どもには、脚結の置ざまにも［これは天尓波の事也］いとあやしむべき事どもあり、そのあやしみを導とすれば、言霊にはおもひ入らるるぞかし、詞のうへのあやしくなるは、わざとあやしくするにはあらねど、かのいふといはぬとの間よりいつる詞なるが故に、おのづからあやしくはなる也**

「脚結《あゆい》＝天尓波《てにをは》＝助詞・助動詞」の使い方が「あやしい」ものがある。しかしまずそれは、「いふといはざるとの間」で発せられた「詞」であるのだから、自然と「あやしくはなる」のだという。そして、「脚結の置ざま」にそういう「あやし」さがでてくる。その「あやしみを導」きとすることによって、「言霊」に思いをいたらせることができる、と述べている。

## †理欲と神

『神典言霊』巻之一において御杖は、人には「言」（詞＝言語）と「行」（行動）とがある。御杖はその源は「理」と「欲」であるという。だからその「理」と「欲」がいかなるものであるかを明らかにすることが重要であることになる。＊

**＊おほよそ人の言行さまさまなりといへともその源はたた理欲のふたつに帰すれは、人は此理欲のふたつを明らかにせむ事肝要たるへき事也。**

「理は尊く欲は卑し」いものだから、さまざまな「欲を制して」「理」に合うようにしようというのが「大かた人のねかひ」であるが、さまざまな「欲」をすべて制することができるかというと、そうではないので、人の「心中つねに理欲相たたかふ」状態になる。「言行」が「理のことくなる人」もあれば、「言行」が「理」に「そむく人」もある。前者は賢者、後者は愚者である。しかし愚者であっても「理の尊く欲のいやしきことはよく」しっている。なぜならば、「盗人」だって、昼間には盗みに入らない。賢者は「欲」を制することができそうなものであるが、必ずしもそうではなく、結局「諸欲制しかたき事は賢者とても猶愚者にひとしい」。

賢者、愚者は、「言行」が外にあらわれてからの呼び名であって、御杖が重視しているのは、まだ「言行」が外にあらわれる前の「言行の本源」のありかたで、それには「賢愚」の区別がない。

## †和歌の口語訳

『百人一首燈』（精研本）において、『古今和歌集』巻第一、春歌上に収められている紀貫《きのつら》之《ゆき》の歌、「人はいさ　心も知らず　ふるさとは　花ぞ昔の　香ににほひける」について述べている箇所がある。

「人はいさ［人トハ主ノ女ヲサシタル也いさはしらすといふ詞の上におく詞也むかしはいさといへは必下にしらすとよみたれと後世ははふきたるもある也］心もしらすふるさとは［初居タル所ヲ暫居スシテソコヲサスハ皆故郷トイヒツケタリ］花そむかしの香ににほひける」と、昔は「いさ」といえば必ず下に「知らず」と読む決まりがあったが、後世には省くものもある」という具合に、逐語的に解説したうえで、次のように続ける（句読点を補った）。

「人の心のうちは、とうあるかしらぬが、此まへかた居た所の梅の花は、何かしらす。むかしの通りの香で、色もにほふてある事じや。人といふもの、詞と心とは、ちかふ事もある物しやが、非情の梅こそ、むかしをわすれてもしまひそふな物じやか。結句で、人はむかしの事もわすれたやら、合点のいかぬそふりじやけれと、なんでも梅の花は此方をわすれすにまつてゐたやうすにみえる事じや。これを思へは惣体心と詞とはちかふやうにはすましい事じや。詞には、とのように利口にもいはれる物じやゆゑ、人ほど心のうちのしれぬものはないぞ」

この後半の解説で、御杖は「人の心のうちは」の横に「オ」、「人といふもの」の横に「ウ」、「結句」の横に「サ」、「これを思へは」の横に「神」と記している。「オ」は、すなわち「表」、「ウ」は「裏」、「サ」は「境」である。

「表」はいわば和歌の口語訳になっている。これが言語化されたもの、アウトプットということになる。「裏」はまさに「表」に対してのもので、「境」はそれを（総合的に）解釈したものといえるだろう。御杖は言語化された歌をいわば段階的によんでいる。

例えば、『新日本古典文学大系　古今和歌集』（一九八九年、岩波書店）はこの歌に、「人の方は、心が変ったかどうか、さあわたくしにはわかりません。昔泊めていただいたこの里は、花の方はたしかに昔のとおりの香りがにおっていますね」という「大意」を与えている。

本居宣長は『古今集遠鏡』で、同歌にこういう口語訳を与えている。

「人はドウヂヤヤラ　心モカハラヌカカハツタカシラヌガ　ナジミノ所ハ　梅ノ花ガサ

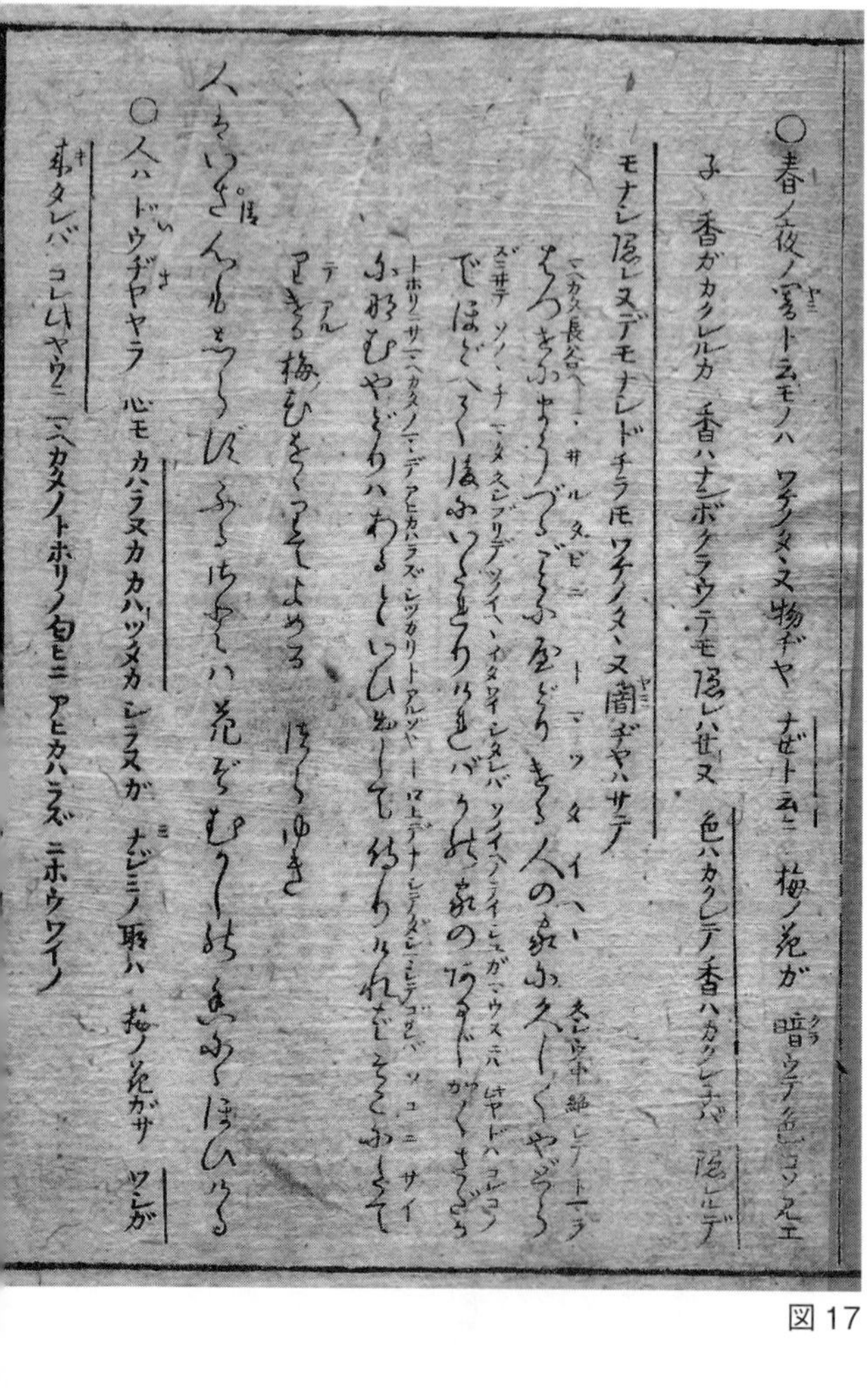
○春ノ夜ノ闇《ヤミ》ト云モノハ　ワケノ又、又物ヂヤ　ナゼト云ニ　梅ノ花ガ　暗《クラ》ウテ色コソ見エネ香ガカクレルカ　香ハナンボクラウテモ隠レハセヌ　色ハカクレテ香ハカクレネバ　隠レルデモナシ隠レヌデモナシドチラモワケノ又、又闇《ヤミ》ヂヤハサテ

○人ハドウヂヤヤラ　心モカハラヌカカハツヌカシラヌガ　ナジミノ所ハ　梅ノ花ガサ　ワシガ来タレバ　コレ此ヤウニ　ニヘカヌノトホリノ匂ヒニ　アヒカハラズ　ニホウワイノ

図 17

ワシガ来タレバコレ此ヤウニ　マヘカタノトホリノ匂ヒニアヒカハラズニホウワイノ」

図17の「カハツタカ」の「ハ」と「ツ」の間には短い縦線が引かれているのだが、これは「ツ」が促音であることを示している。明治二十四年に刊行を終えた『言海』も同様の「短い線」を使っている。あるいは『古今集遠鏡』からヒントを得たか。

宣長の口語訳は、御杖の「段階」でいえば「裏」もしくは「境」あたりということになるだろうか。それでも、歌がどのようなことを言語化しているか、ということを読み解こうとしている。宣長や御杖の口語訳と比べると、『新日本古典文学大系』の「大意」は古語を現代語に置き換えたもののようにみえる。「歌がどのようなことを言語化しているか」ということと「切り結んでいない」ようにみえる。

『古今和歌集』に収められている和歌を江戸時代に口語訳するのは、十世紀の「かきことば」でつくられた和歌の日本語と、江戸時代、十七世紀の「はなしことば」との「距離」がはっきりとしているためだろう。

『古今和歌集』の和歌に使われている日本語は、自身が今（はなしことばとして）使っている日本語とは違う。違うことを認識するということは、「距離」を感じるということである。感じている「距離」をもっと具体的にするためには、「十世紀のかきことば」と

「十七世紀のはなしことば」とを付き合わせてみればよい。それは「十世紀のかきことば」を「十七世紀のはなしことば」で説明することでもある。言語は、言語によって説明することができる。それを「注釈機能（メタ言語的機能＝metalingual function）」と呼ぶ。過去の日本語に口語訳を対置することによって、和歌がどのようなことを表現しようとしていたか、をつぶさにつかむことができる。

御杖は、自身の「言霊倒語説」を形成していく過程で、『古事記』の日本語に「十七世紀のはなしことば」を対置し、過去の和歌を理解するために「十七世紀のはなしことば」を対置していたのであろう。それによって、「とおりいっぺんの解釈」を超えて過去の日本語に沈潜し、「肉迫」していった。そうしたことをぬきにしては、「言霊倒語説」は形成できなかったのだろう。「口語訳」は「メタ言語」であった。

## †『詞葉新雅』にみえる研究の背景

御杖には寛政四（一七九二）年に刊行された『詞葉新雅《ことばのしんが》』という著述がある。「おおむね」には「哥よみしらぬ人の、里言より古言をもとめむに、とみの便とせむとて、聞おけるかきり、里言を上とし、古言を下にあてゝ冊子とす」と記されており、歌作などにあたって、「里言＝江戸時代のはなしことば」から「古言」を探し出すことができるようなテキストとして編まれている。

「おおむね」の末尾近くには、「里言は私にあてられたるにあらす、古集ともを例してなり」とあって、単に御杖の「内省」に基づいて「里言」をあてたのではなく、「古集」すなわち「古言」で記された具体的なテキストを実際に「里言」に置き換えるというプロセスを背後に持っていることを推測させる。その「プロセス」こそが父成章の「あゆひ」についての考察を「言霊倒語」に結晶させる工程だったのではないだろうか。

これまで検討してきたように、「言霊倒語」を支える幾つかの考え方は言語学的にみても筋の通ったものがほとんどで、そうしたところに到ることができたのは、結局は言語に沈潜して、深く考えるという、当たり前といえば当たり前の行為による。それは宣長、春庭、成章、御杖、そして山田孝雄に共通する「方法」で、かつての「国語学」はそうした「流れ」をいくばくかにしても受け継ぐものであったと考える。

山田孝雄は措くとして、宣長、春庭、成章、御杖に共通しているのは、和歌を観察対象にしている点である。もちろん『古事記』のような和歌ではないテキストも観察していたが、和歌の観察、解読には注力している。

筆者のことばでいえば、和歌は「詩的言語」である。「詩的言語」は通常の「伝達言語」とは異なって、「圧縮」したり「飛躍」したりする。それは、論理のみによって組み立てられているのではない、ということでもある。

また、「詩的言語」は人間の「感情」や感覚器官でとらえた「感性」をも「内容」に織り込むことがある。つまり「詩的言語」が表現しようとしているものは、複雑な「情報」といってよい。その「複雑な情報」をどこまでもつきつめて解読しようとする営為にはエネルギーも必要であるし、考える力も必要である。多大なエネルギーを費やし、考えて考えて、宣長も春庭も成章も御杖もある到達を得た。御杖の「言霊倒語」が奇矯な説などではないことはむしろ当然かもしれない。

## †原典としての『詞葉新雅』

『詞葉新雅』のことは知っていた。しかし、この著述が「言霊倒語」とどう結びつくのかがわからなかった。今回、御杖の著作を読み進めていき、「言霊倒語説」を整理していくにしたがって、やっとその意味がわかった。「江戸時代の口語」は過去の日本語を説明するための「メタ言語」だった。そういう観点から江戸時代に行なわれた「口語訳」を見直してみることには意義があるだろう。

図18は『詞葉新雅』の「つ部」である。片仮名で「里言」が記され、それに対応する「古言」が平仮名で記されている。

たとえば、右頁下段三行目の「ヅ、シリト」が「里言」＝江戸時代のはなしことばで、「づしやかに」が「古言」である。古語「づしやかに」の語義は〈慎み深く重々しいさま・慎重で確かなさま〉であるが、それが「里言」「ヅッシリト」及び「ヅッカリト」と対応するということだ。ちなみにいえば、図18をよくみると、その「ヅ、シリト」の「、」の右に白い丸（圏点）が附されているが、これはそこが促音であることを示している。もちろん「促音」という用語が江戸時代に使われていたわけではないが、片仮名で「ヅツシリト」と書いたとしても、「ツ」は通常の「ツ」とは発音が異なるということがはっきりと認識されていたということだ。やはり言語の観察が精緻だ。

図18右頁上段の左から三行目に、「ツクライケガナイ　うはべなき／万」という項目がみえる。「万」は『万葉集』のことで、たしかに『万葉集』の六三一番歌と六九二番歌に「ウハヘナシ」という語が使われている。

『時代別国語大辞典　上代編』は見出し「うはへ」の語義を「うわべの情の意という」と

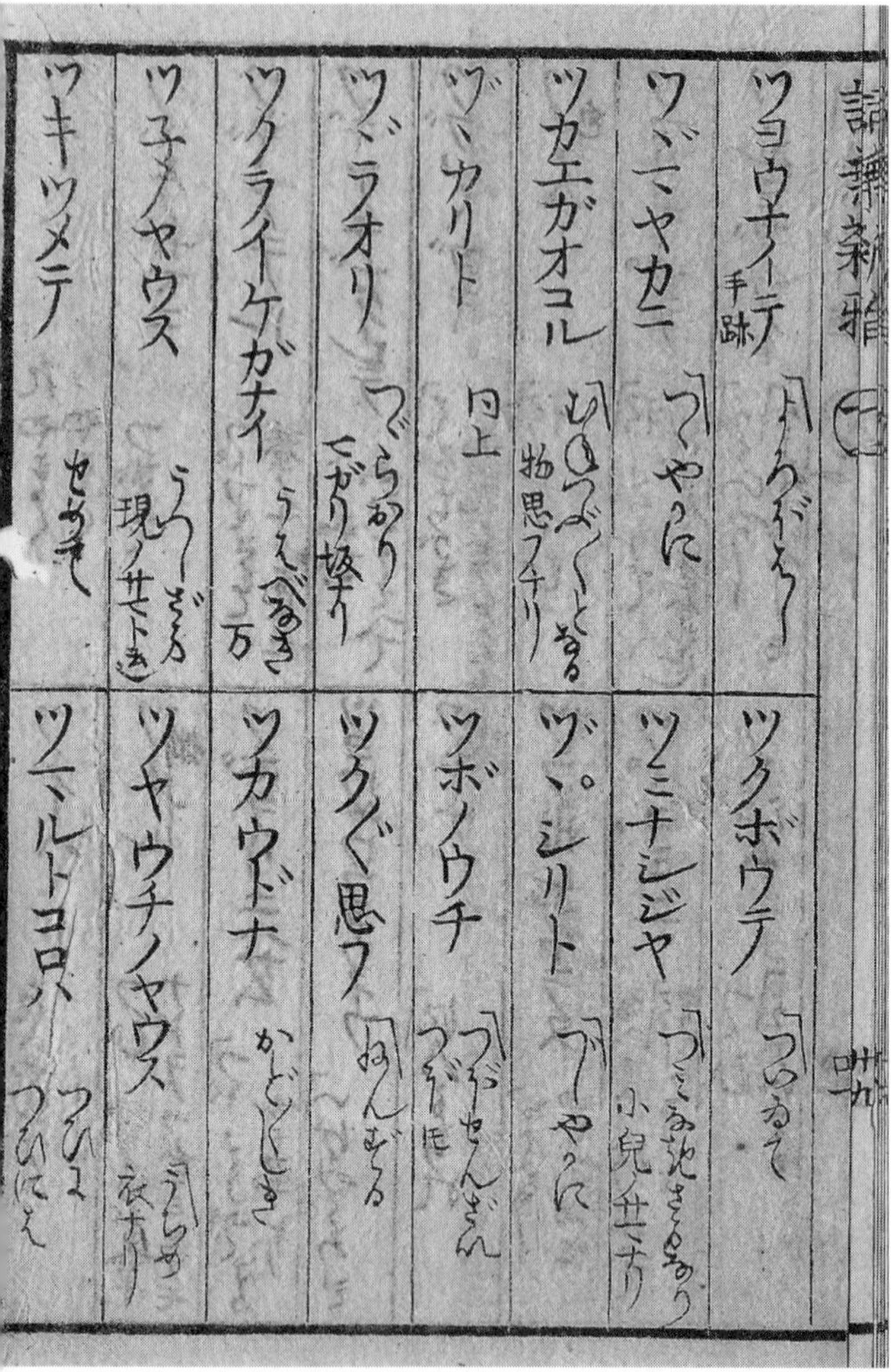
詞葉新雅
ツヨウナイテ 手跡
ツヾマヤカニ
ツカエガオコル 物思フ
ツヾカリト 同上
ツヾラオリ
ツクライケガカナイ 万
ツ子ノヤウス 現ノ世
ツキツメテ
ツクボウテ
ツヾニナシジヤ 小児
ツヾシリト
ツボノウチ
ツクヾ思フ
ツカウドナ
ツヤウチノヤウス
ツマルトコロハ

図 18

ツマリハ　同上

ツモリヨリモギヤウサニ　ことゝしかり

ツケマウス　まつえを

ツクリゴトイフテ　「こしらへて

ツガウノワルイ　「びんなき

ツクライケチシニ　「殊さらに

ツヤくト　「みやびかに　みやびやく

ツキビト　傅　「かしづき

ツ子ノコニナウテ。　めなれて

ツケマトウ　ことつえなく

ツリメニナウテ。眼　「まなじりひきあげて

ツガウノヨサソウナ　「さるべき

ツキモノ　「ざけ　邪氣」もののけ　古ハ病ヲ多クハモノヽケトス

ツギヘウツルメ　眼　「めうつし

ツヤヲモタス　「えんぶり（色メカス）

ツキヨツテ。　せめて

説明し、同書が例示する二首の歌について、「二例ともウハヘナシで、あいそがない・薄情な、の意味と推察されるが、語源がわかりにくい」と記している。

また『日本国語大辞典』は見出し「つくらいけ【繕気】」を「とりつくろったさま。つくり整えること。飾り装った様子。＊詞葉新雅〔1792〕「ツクライケガナイ　うはべなき」」と説明している。

『日本国語大辞典』が使用例としてあげているのは、『詞葉新雅』のみ（他に使用例がないとはもちろん断言できないが）であり、「ツクライケガナイ」の語義も明確ではないともいえよう。なぜならば、御杖は『万葉集』の「うはべなき」と「ツクライケガナイ」とを結びつけているが、そもそも『万葉集』の「ウハヘナシ」の語義がはっきりとしないからだ。しかも、『万葉集』では「ウハヘナシ」という語形にみえるが、御杖は「うはべなき」という第三拍濁音形とみている。

左側の頁の上段左から三行目には「ツクライケナシニ　きすくに」という項目がみえる。『日本国語大辞典』は「きすぐ」を見出しとして、「（「きすく」とも）素朴で、飾りけのないさま。堅苦しいさま。きまじめであるさま」と説明している。先ほどの「ツクライケガナイ」とこの「ツクライケナシニ」はほぼ同じ語と思われるが、一方は古言「うはべなき」と、もう一方は古言「きすくに」と対応している。おそらく〈飾り気のない〉という語義としてみればよいのだろうが、『詞葉新雅』の「里言」はまだまだ追究することができそうだ。

註3-1

五典とは、第一偏心《ヒトエゴコロ》、第二知時、第三一向心、第四詠歌、第五全時これなり。哥はもと、平生、神道によりて身心を修するほどに、おぼえず修しのこせる偏心、根となるものなれば、第一に偏心をたつ。さてそのひとへ心時宜にあふ時は、必わざはひをまねくべきものなり。されば、畏愛の道をもて、かの偏心をすかし、時宜にかなへむとすべき事第二たるべきわざなり。その偏心畏愛の道にすかしえて、時宜を全うする事をえば、哥によむまでもなくて、こよなき幸なるべけれど、その思ひしみたる事がら物がらによりて、畏愛の道理はよくわきまへながら、猶所欲の達せまほしきひたぶる心、すてむとするに激して、ほとほと時宜をやぶらんとすること、かならずあるべし。これ第三とする所謂なり。されとも時宜をやぶれば、そのむくひ必来るべければ、為《ワサ》にも出がたく、さりとてまたさながらをさまるべき一向心にもあらざるが故に、そのいはまほしくせまほしき為にかへて、哥とよみいづ。此故に第四とす。哥とよみいづる時は、かの一向心いきほひくじけて、いふべからず。すべからぬ時宜をも全うせらるべし。これ第五たる所謂なり。このいつつの典《ノリ》は、詠歌の大規範にして、その意趣言をもてつくすべからず。さて、第六に感動をたつ。これその時宜をやぶらじが為《タメ》に、さばかりのひたぶる心をもなぐさめたる。その哥ぬしの真言なれば、神人おのづからかまけあはれみて、かのおもひ捨たる所欲に達する事、ひとへに五典のそなはれるが故にて候。

註3-2

詠哥と言語との差別、よくよく心えわけつべきことなり。世かはり時うつりてこそ、哥の詞と言語とはこと物のやうになりにたれ。いにしへは、哥にうたふも言語にいふもただひとつ詞なりき。しか、ひとつ詞ならば、哥によむべきを言語にいひてもありぬべきことわりにて、ことさらびて、歌によむにもをよばず。もとより歌も無益なるわざのやうなり。しかるを、古来歌といふもののあり来れること、かならず言語にはその用たがふ所、なくて叶はぬことには候はずや。もと言語はひとり言にいふ事もあれど、ひとり言は言語の専門にあらずして、彼我の間の情を通はするを要とす。哥は、神にたてまつり、人におくることもあれど、それは歌の専門にあらずして、わが鬱情を托するを要とす。此故に、言語には時やぶれ、詠歌には時全し。

言語は彼我の間を通じ、詠哥はわが鬱情を托するを専用とする物なれば、法楽贈答もみな為《ワサ》をつつしめるよりのわざなり。（略）此ゆへに、詠哥は所思を達せむの志ならねば、法楽するも贈答するも、神人の心にさはる事なきもの也。またわが鬱情を托せむことは、言語とてもその用足りぬべき事にはあれど、元来言語は無形也。詠歌は有形なり。［形とは、文字の数、句の数などある故に云。長哥とても、句数はかぎりもなけれど、猶もじの数はさだまり、かつ短哥にひとしく、上下首尾して一篇をなすもの也。上古には、もじの数さだまらざりし哥も見え、なほすがたもさまざまにはあれど、それだに、言語のごとくおもふままにはあらず。此故に詠哥はかならず形ありとはいふ也］すべて形なきものには、霊とどまる事なく、形あるものには霊そのうちにとどまりて死せず。たとへば、宇治の網代木にいざよふ波を見て、人生みな此波のごとくつひには行へもしらずなりぬべしあらかなしなど、ただ言にうちなげかむに、鬱情なぐさまぬにはあらねど、しばしこそさもおぼゆべけれ。その言、形なき故に、その鬱情やがてまた我身にかへり来て、時宜におくべき身をさらにせむべし。これをば、もののふの八十うぢ川のあじろ木にいざよふ浪のゆくへしらずも［柿本の／神詠也］とうたひ出る時は、鬱情此哥の内にとどまりて、霊となり、千載の後までも死せざるが故に、わが身に有つる鬱情は死しさりて、さらにたちかへりわが身心をなやます事なかるべし。我身のうちに、為を促す鬱情を殺し、言のうちに活しおきて、身をせめ時をやぶらせむとするをまぬかれむに、いかでか無形の言語そのいさをしあらん。哥にもあれ、言語にもあれ、詞は心をうつす器なれど、無形と有形とにて、かかるけぢめはある事なりと申き。

註3-3
引用したテキストは『新編　富士谷御杖全集』第四巻によるが、句読点濁点を補い、表記も読みやすいように整えた箇所がある。

倒語といふ事、倒とは、たとはば、ゆくをゆかずといひ、見るをみずとはいふ是也。されど、これらは事のうへ也。情のうえにも倒あり。思ふ所をいはずして、おもはぬ所に詞をつくる、是也。これをおしこめて倒語と心うべし。すべて、我思ふ情には戻りそむく事、おほかた人情の常也。故に、わざと倒を詞とする事、すなはち、人をわが情に同意せしめむ為の妙法なり。（略）

このゆゑに、古人其思ふ情をば直にいはずして、思はぬ花鳥風月のうえに詞をつけられたる物也。されば、詞のうへはただ花鳥風月にして、其情をよせたるものとは更にみえざるが故に、後世の題詠のごとくよめる物ぞとは心え、古今集四季等の部立てにて、つひに題詠さかりになり。

よせたる情ありともしらず、ただ、其おもはざる花鳥風月をば、かへりて主のごとく心うる事となりはてにたり。（略）

この倒語に二様あり。一は比喩なり。比喩はたとへば、花の散をもて無常を思はせ、松のときはなるをいひて、人のことぶきをさとせる、これ也。二には比喩にはあらずして、外へそらす、これ也。たとはば、妹をみまほしといふをば、妹が家をみまほしとよみ、人の贈りものを謝するに、其物の無類なるよしをよむ類也。此中に事物のうへにて倒語をいふと、情のうへにて倒をいふ二種ある事まへにいへるがごとし。（略）

直を除きたる詞にはことごとく神やどり給ひて、其いはざる所のわが情をたすけたまひ、人に通し、さきはひ給ふ。其詞をつかさどり給ふ神を言霊とはいふ也。直言にはこの言霊なしとしるべし。言霊なしといふ所謂は、わがおもふ情のままを直にいふは、我力をたのむとするわざなる故に、神のみこころあはれみ給はねばなり。たとはば、才略ある人は、かたはらよりたすくるもののなきが如しとしるべし。

註3-4

詞に表裏境といふものあり。（略）此表裏境、詞といふ詞には、おのづからそなはれることにて、しらずよみによむとも、猶かくる事なきものなれば、こと更にこれを論じをしふるにもをよばざる事のやうなれど、詞をきたふにその益かぎりなきものにて、わが智のをよばぬ所さへ此みつに導かれて心えらるる事あるものにて候。されば、古歌をとくにもその真にいたる事やすく、おのが哥よむにも用なきをはぶき、たらぬを補ふわざ、これにしく道あるまじく候。このみつ、おのづから詞にそなはれりといふは、たとへば、かなしといふ表なるに、かなしからずといふ裏をかけて見ればなぐさむべきよしのあらまほしき境しらるるがごとし。すべてひと詞にてもかかり哥一首にてもなほしかり。おほよそ、表となるは時をなげく情、裏となるはひとへ心の理、境となるは偏心の達せぬ憤なり。かく裏をかけて境をしれば、その歌ぬしの時宜のために所欲をなぐさめ、まことにやむことをえざるよりいでたる真言なる事、かがみにかくるよりも猶明らかなるべし。されば、此表裏境まなびしらずはあるべからず。

註3-5

詞に表裏境といふ事なり。これは詞を冶《キタ》ふの専用也。もと此三つはおのづからそなはれる物にて［表に裏境のおのづからそなはるといふはもと天あれば地ありて万物その中に生育し、男あれば女ありて、その仲に子を生ずるに、その理同じ。されば物の名をつけ、詞をつくりたるはじめもと、かならず対する物ありてはじめたる也。対するとは即混ずるにて、混ぜさせじがための名詞なり。たとへば、松といふ名は柏にもあらず榊にもあらずとの心より名づけたる也。さて、柏榊の形容にもかはり、又その寿千年なるなどいふ境あるがごとし。世に柏も榊もなきものならば松と名づくるにも及ばぬ理なれば、詞といへども混ぜざらむが為なり。されば裏はかならずあるべきことにて、裏あれば、必境はあるべき事しるべし。しらずいひにいひても猶そなはれる物なるべけれど、これをしらざる時は裏境はいはでもありぬべきを弁えずしていひ、かつ境もたたぬ事のいはるべし。まことに裏境をしる力かぎりなきものにて、我が智の及ばぬ所まで導かるるなり。されば、古歌をとくにはとくその真にいたり、おのがよむ哥には用なき所をはぶき、たらぬ所を補ふ事これにしくわざあるまじき也。

註3-6

　稽古とは詞の表をただし、裏境をおす事に候。これはいひ出す時の用にてはなく、詞を練る時の用にて候。大哥の思こみやう表裏境神と次第したる物にて、裏境の稽古は、詞に理をはぶかん為にて候。この事、歌の一大事なる事は理といふもの、もと天地自然の理にて候へども、詞にいづるときは、理屈といふものに変じ、詞にかくるる時は無量の道理となる故に、きく人の心、屈服、感服と申すたがひめある事にて候。［屈服と申すは詞にて理をつめらるれば、心よからずはおもへども、その理の当然なるが、もだしがたさに無是非甲をぬぐを申候。感服と申すは、詞のうちに道理ふくみたれば、その理をふかくおもひやり、その人の心中を察して、涙をもこぼして、それにしたがふを申候。このふたつをわきまへしるを、これを詞の道とは申すにて候。（略）］

此ふたつの道理をしるをば詞の道と申すにて候［表とは詞の持まへの心を申候。たとへば、みるとは物ごとの眼にふれ来るをいふ心なりとしるをば表をただすと申候。そのただしやう、五十音の声の妙義をもつておすより外なき事に候へども、これはしらずとても一とほりは事をかくほどの事もあるまじく候。（略）さてまた裏と申すは、たとへば、みるといへばみざりし間の事をも裏にもち、又きく思ふなどいふことをも裏にもつことをしる。これを裏をおすと申候。その故は天あれば地あり。地ある故に天とも名づけ、天ある故に地とも名づけたるにて、およそ詞としては裏もたぬはあるまじき事に候。されば、これをしらぬ人のいふ詞とても、自然に裏はあるものにて、まなぶに及ばぬ事には候へども、裏ありといふ事をしらぬ時は、たとへば、見たしとおもひし故に見に来たりといふやうの詞出候べし。これ裏なきにてはなく、裏の詞へ出たるにて、詞に力なしとはこれをいふにて候。みに来たりとばかり申せば、もとより見たく思し故の事なる事は詞の裏にて聞ゆる事にて、すなはち理屈もかくれ候。かやうのことさすが古人にも多き事にて候。さてまた境と申すは詞の表と裏との間に自然ともちたるこころにて、裏表に時をかけてしるをこれを境をおすと申候。たとへば、みるといふ詞裏にきくといふ事を持たりといふ事しらるれば、その間にきくばかりにては不足なりしにといふ心自然といづる。これを境と申すにて候。此裏境は面々の身分、時、憂喜などによる事にて、定まりたる事はなき物にてその一首の塩梅にてみとるべき事に候。ただ、みるといふ詞なれども、よみ人の時によりてはその裏境、無量無辺にかはるものにて候へばこそ、むかしより哥のつくる事もなきにて候へ。人丸がよまれたる哥の詞も成元がよみたる哥の詞も、詞はただひとつにて候へども、裏と境とにわか修行ほどの心のこもりて、凡聖賢愚の分際は裏境にてわかるる事にて候」

註3-7

予十一歳にして父をうしなひ叔父成均亡父に学ひたりしに教導せられてこしをれをもよみならひたりき。しかるに、予つらつら思ふやう、歌をよむ事みつからも益なく、人にも益なき事ならは、たとひ、父の志たりといへともおもひ捨て、経書の一巻もよまんにはしかじ。益ある事を見出たらは生涯歌もよまむとおもひよりぬ。今思ふに、これ、今予かよに行はれぬ種なりけり。それより古書ともに詞をつかふ教となるへき語はこれかれを徴して旨をたつね、全体古書のかきかたにも心を入れて廿三四の比、やうやう疑をときしかは予、伯父皆川愿に物かたりのついでにわが御国言の至妙なる事をかたりしに倒語のいたり深き事大に感して予がふかく考たるを賞せり。

註3-8

近比、伊勢国松坂なる本居宣長、古事記の日本紀にまされる事を見いでて、かの皇子の非どもをあげつらへり、げにその論をみるに、いともいともさる事にて、此記はわが御国言のままをしるされたる所多きにても、宣長が論あたれるは明らかなる事也、予も此ぬしの恩によりて、力をもいれずしてこの記の正しきをしりぬ

註3-9

しかるに宣長、さばかりわが御国のいにしへを明らめ、ふるき言どもその義をきはめ、其師翁の不及を補ひ過たるをけづられたるいさをいふばかりなきに、わが御国言は、言霊［言霊の事、下にくはしくいふをみて心うべし］をむねとする事に思ひいたられざりしによりて、ただわが御国言は、みやびをむねとするとのみおもひもいひもせられたり［これ即その師真淵が説なり、師の見を伝へて、しか心えられしなるべし］されば此神典も、なほ詞の表をのみ見て、かくれたる

所なきを我御国ぶりなりと、ひたふるに思ひとられしおのがひとへ心をのりとして「かく隠れたる事なき也と定められしは、何の拠ありともみえず、ただしひたる理をのみとける、古来の神学者流にきそひての事なるべきみゆ」とかれける（略）

この神典、いかにみれどもいかに思へども、いとあやしき事のみありて、これをとかむとすれど、その首尾人事に応ぜざるが故に、なかなかかかる事をたづねむは無益の事也。

伝のうち、すこしもあやしく心えがたき所々は、かかる事深くたづぬるはから心なりとみえたり、さらば聞えぬままになしおくをば、やまと心とやいはん、いとおほつかなき事なりや

註3-10

稚かりし時より、父が志にしたがひて歌よみならひしに、成元十二歳なりし時父をうしなひつれば、ただ父がつくりのこせりし脚結抄をば師として、歌をのみよみわたりしに、ふと思へらく、此詠哥、ただもてあそびぐさならば、なにわざにもあれ我も人も益あらむわざをせん、もし益あるべきわざならば、いよいよ志を固くせんとおもひて、さまざまに心を用ひ来つるに、又おもへらく、かみつ世には、後世のごとく哥よむに師といふ物もなかりし事なれば、後世いふやうに、くだくだしき事どもはあらざりけるなるべしと思ひよりて、ひたすら国史中の歌、万葉集等ふる

き世の哥、ならびに文どもを見し（下略）

註3-11

わが力つよきにあらずやといはん時、その人、げに強しと答へなばすなはちやみぬとみな人思ふべけれど、しか答へありとて、更にその中心よりこたふるにあらんや、その中心かならず、われいかでか彼に劣らむとぞ思ふべき、もし其答をば、まことにしかおもふ歟《ヤ》いつわり歟と問はむに、誰かはまことならずといはむ、しかれば人の中心は、問をも用ふべからざるもの也、この故に、とても直言をもては、その中心に徹すべからざるがゆゑに、わが大御国、神気の妙用をむねとはするなり［倒語する時は、神あり、これ言霊なり］

第四章

# 和歌と言霊

## †詞の匂い・詞の裏

第三章において、富士谷御杖の「言霊倒語説」を整理した。本章では、和歌を「言霊倒語」によってどのように解釈しているかということについて具体的にふれながら、あわせて、「詩的言語」の解釈という、より大きなことがらについて考えてみたい。

御杖は刊本『歌道非唯抄』において「にほひ」「裏」という表現を使っている。「にほひ」はもちろん「ニオイ（匂）」であろうし、「裏」は「表面と反対の、隠れている方（にあるもの）」（『広辞苑』第七版）であろう。
「詞」は匂いを知らなければならない、その匂いとは「詞の裏」であると述べている。つまり、御杖の用語としては「にほひ」と「裏」とは同じことをあらわしていることになる。「詞の裏」があるということは、「詞の表」があるということになるが、この、言語には「表」と「裏」とがあるというとらえかたが御杖の「言霊倒語」の根本にあるといってよいだろう。

御杖の言説は和歌をめぐってのものであるので、そうであることについては留意しておく必要がある。御杖は和歌がとらえていることがらを表現するにあたって、「いわなくてはいけないことば」と「いわなくてもいいことば」とがあるという。そして、両者のけじめをわきまえることが大事だという。また、和歌は「三十一字」で成るのだから、その中には「一句一字も無用の詞」があってはいけないという。そのことからすれば、和歌を解釈するにあたっても、「一句一字」ももらさずに解釈しなければならないということになる。

## †ことばの「我と彼」

御杖は和歌というものをどのように捉えるか、ということを追求するにあたって、江戸時代以前につくられた和歌についても検証をした。その結果、御杖は「三代集」すなわち『古今和歌集』『後撰和歌集』『拾遺和歌集』の頃までの歌と「其以後」の歌集との間に違いを見出すに至っている。日本語の史的変遷、和歌のよみぶり、いずれについても目配りができている。『拾遺和歌集』は寛弘三（一〇〇六）年頃成立したと考えられている。日本語の歴史でいえば、古代語の時期ということになる。

御杖は、ことばには「我と彼」とがあり、「彼」を「我」とし、また「我」を「彼」とするということを知らなければならないという（かれをも我とし、われをもかれとすへきことわり）。

このことを説明するにあたって、御杖は『古今和歌集』と『後撰和歌集』の和歌を採りあげているので、それらの和歌を紹介しながら、御杖の言説を整理してみたい。

比叡に登りて、帰りまうで来て、よめる　貫之

山たかみ　見つつわが来《こ》し　さくら花　風は心に　まかすべらなり（『古今和歌集』八十七番歌）

神な月許に、大江千古がもとに、「あはむ」とてまかりたりけれども、侍らぬほどなれば、かへりまできて、たづねてつかはしける　藤原忠房朝臣

もみぢ葉は　惜しき錦と　見しかども　時雨とともに　ふりでてぞ来し（『後撰和歌集』四五四番歌）

『新日本古典文学大系　古今和歌集』（一九八九年、岩波書店）は、この紀貫之の八十七番歌に「山が高いので遥か遠くからよくよく見ながら来たあの桜の花を、風は思いのままにしているようだ」という現代語訳を与えている。

また、藤原忠房の四五四番歌について、『新日本古典文学大系　後撰和歌集』（一九九〇年、岩波書店）は、「お宅の紅葉は素晴らしい錦だと思って拝見しましたが、その紅の色が振り出して染めたものであるということから洒落ていうわけではありませんが、御主人もいらっしゃらないので、時雨が降るのとともに、出て帰って来たことでありますよ」という現代語訳を与えている。

「凡例」では「大意」と表現されているので、「大意」が現代日本語で示されているとみ

るのがもっとも正確であろう。以下では「現代日本語で示された大意」を「現代語訳」と呼ぶことにする。『新日本古典文学大系』の「凡例」には、「▽印以下に」「参考事項」を示すことが記されている。

『古今和歌集』八十七番歌の▽印以下には、「山の桜は見る人も居ないし、そばに寄って見はやしてやり、折り取って慈しんでもみたい（↓五〇・五五）が、山が高くてそれもかなえられないから惜しんでいるのに、無情な風はほしいままに散らしているだろうと、風を恨み、うらやむ意」とあり、「桜の花のそばに近づくことができない」ということが述べられている。つまり当該歌では、「山たかみ見つつわが来し」という表現から、桜の花のそばに行くことができなかったということをよみとる必要があり、それがわからなければ、この歌は何もわからないといってもよい。そう考えると「遥か遠くからよくよく見ながら来た」という現代語訳の「よくよく」は不適切にみえる。

### †「来」の両義性

例えば、『岩波国語辞典』第八版（二〇一九年）は、見出し「くる［来る］」を「①距離的・時間的に身近な所に移る。↕行く」と説明している。「クル」は古語では「コ」であるが、古語「コ」にもこうした語義はもちろんある。しかし古語「コ」には「〈目的地を主にしたいい方で〉そちらへ行く」(『日本国語大辞典』見出し「くる」の語義□(2))という語義もあった。つまり古語「コ」は〈こちらへ移動する〉ことも〈そちらへ移動する〉こともどちらもあらわすことができた。〈そちらへ移動する〉という語義の使用例として、『万葉集』『伊勢物語』『古今和歌集』を示している。これらのテキストが成立した頃までは「コ」は、そうした使われ方をしていた。

『日本国語大辞典』は「目的地を主にしたいい方で」と説明しているが、これが先に紹介した「かれをも我とし、われをもかれとすへきことわり」ということだ。御杖がこのことに気づいたのは、江戸時代の「はなしことば」においては、そのような「コ」の使われ方がなされていなかったからであろう。『古今和歌集』『後撰和歌集』におけるそうした「コ」の使われ方に、御杖は敏感に「反応」している。

『古今和歌集』八十七番歌は、平安時代に編まれた私撰集『古今和歌六帖』第六にも収められている。『古今和歌六帖』は十世紀末頃までには成ったと考えられている。書写年時がわかっているもっとも古いテキストは、旧熊本藩細川家に伝わる歴史史料や美術品や収集品を収蔵し、展示・研究を行なっている永青文庫(東京都文京区目白台)に蔵されている文禄四（一五九五）年の奥書をもつテキストである。

現存しているテキストは「本文」が必ずしも整っていない。この『古今和歌六帖』では「見つつわが行く」となっている。「コ」が「見つつわが来し」のような、〈そちらへ移動する〉という語義をもたなくなった時期にテキストが書き換えられ、それが「本文」として残ったものと思われる。

さて、『新日本古典文学大系　古今和歌集』の現代語訳は、「遥か遠くからよくよく見ながら来た」となっていた。現代日本語の「クル（来）」は〈何かがこちらへ移動する〉という語義で使う。〈こちら〉が想定されているということだ。「明日、大学に来ますか」という質問文は大学にいる時にする質問だ。大学にいないのであれば「明日、大学に行きますか」という質問文になる。桜の花を「遥か遠くからよくよく見」ているのは「我＝私」で、そこに「来た」とあると、「私」はどこにいるのか、ということになる。つまりここでは、現代語の視点が定まっていない。

## †「風は心にまかす」をどう読むか

御杖は「見つつわかこし」は「かへりし」すなわち「帰ってきた」ということだと述べ

ている。宣長は『古今集遠鏡』において、「アノ桜ノアル所へ行《イ》テ見テ折リタカツタケレドモ　山ガ高サニエノボライデ　残念ナガラオレハヨソニ見イ〳〵来タニ　風ハアノ桜ヲ心マカセニスルデアラウト思ハレル」という口語訳を示している。〈あの桜のある所へ行ってみて桜を折りたかったけれども、山が高いので登ることができないので、残念ながらよそから桜を見ながら来たが、風はあの桜を心任せにするであろうと思われる〉ぐらいの意味ととらえておくことにする。

宣長は、傍線部は「歌にはなき詞なるを、そへていへる所のしるしなり」（歌には使われていないことばを（宣長が）添えたしるしである）と述べており、宣長もまた、言語化されていない「内容」をよんでいることがわかる。御杖は「帰ってきた」と理解しているが、それをさらにふみこんでいけば、宣長の理解のように、山が高いから登ることができなくて、残念ながら帰ってきた、ということになる。

この歌でわかりにくいのは、「風は心にまかすべらなり＝風は思いのままにしている」だろうが結局はどういうことを述べたいのか、私がちかづくことができない桜の花を風がほしいままにしているということをどうよめばいいのか、ということだろう。『新日本古典文学大系』は「風を恨み、うらやむ意」と述べているが、なぜ風がうらやましいのか、私も桜の花をほしいままにしたいのか、ということだ。さしもの宣長の『古今集遠鏡』もそこまでは述べていない。

『古今和歌集』巻第二は「春歌下」であるが、六十九番歌から八十九番歌までの二十一首は、「散る桜」の和歌が並べられている。御杖が話題にしている八十七番歌だけ、詞書きや和歌に「散る」「うつろふ」という語が使われていないが、それでもこの並びの中に置かれている以上、「散る桜」という枠組みの中で理解するべきであろう。

「風は心にまかす」という表現を重視すると「風は心にまかすことができる」が「私は心にまかすことができない」という表現構造であることになる。そうすると『新日本古典文学大系』の「風を恨み、うらやむ意」という「よみ」がでてくる。

しかし、「私は花のそばに近づくことができないから花に触れることもできない」が「風は自由に花に近づくことができるから花に触れて、散らすこともできる」という表現構造であるとすれば、「心にまかす」をあまり気にしなくてもいいことになる。

散る花を惜しむ気持ちは、花を散らす風を恨む気持ちと重なり合いをもつことがある。しかし、「うらやむ」気持ちにはならないはずで、それはまた別の話ではないだろうか。自分も花を散らしたい、しかし自分にはできない。それができる風をうらやむ、ということのはずで、「風を恨み、うらやむ意」は異なる「よみ」が並記されている。それは『新日本古典文学大系』の読者には親切ではないだろう。

## †読めない人の読みかた

御杖は「詞はにほひをしるへし」といい、「にほひとは詞の裏也」という。筆者は「伝えたい情報」に言語によってかたちを与える「言語化」というプロセスを想定している。言語以外の手段によって「伝えたい情報」にかたちを与えることは多くはないだろうが、不可能ではないと考えるからだ。

「言語化」というプロセスがあるならば、「伝えたい情報」のどこをどのように「言語化」するか、ということがつねにある。「伝えたい情報」がいつも過不足なく「言語化」できると考えるのは、のんきすぎる。あるいは「言語化」された側から、これが「伝えたい情報」のすべてなんだと考えることも同様にのんきすぎる。

目に見えているものの「裏」には目に見えていないものがある。「言語化」されている「情報」の「裏」には「言語化」されていない「情報」があると考えることが自然ではないだろうか。

「僕の前に道はない」と述べた時に、「前に道はない」のだから、「道」というものがもしあるのだとすれば、「後ろ」に「道」があるはず、ということになる。そして高村光太郎は『道程』において、「僕の前に道はない」に続いて「僕の後ろに道は出来る」「道は僕のふみしだいて来た足あとだ」と述べた。この場合は、「僕の前に道はない」といえば「僕の後ろに道はある」とほぼ述べているようなものであるが、それをはっきりと「言語化」していることになる。

先に述べたように、「言語化」できていること、できていないこと、他の語とのかねあい、ということが「言語」という(おそらくは人間に特徴的な)システムを支えている。「言語化」されていることがすべてで、「裏」も「表」もない、という言語理解は、そもそも「言語」というシステム自体を崩壊させる可能性すら含む、と筆者は思う。若者の使うことばがわからないということが、「ワンチャン」(「ワンチャンス」の略)がわからないというようなことならまだいい。そうではなくて、「これまでの言語」とは異なるシステムに裏付けられている「言語」を使っているのだとすれば、そのことについてはよくよく考える必要がある。

話が横にそれているわけではないが、御杖に戻れば、御杖は「裏」が大事だという。それは現代においても、同様だということを確認した。

## †影の詞と連歌

御杖は『歌袋』巻第二において「影の詞」という概念を提示している(註4-1)。

そこには「ふめるあとをのみ見て、あしのかたちを思はぬ」という表現がある。つまり、足跡だけを見て「こういう足の形をしているんだ」と思わないということで、まさしく目で見た「ありのまま」にしか心が及ばないということだ。さらに次のように述べている。「花・ホトトギス・月・雪」を和歌に詠む時に、「花」に「桜・梅・色香・春の山」などは「影」であるという。同様に、「ホトトギス」には「夏山・五月雨・村雨・あかつき・初音」などが「影」であり、「月」に対しては「秋風・秋の夜・光・くもる・山の端」などが「影」、「雪」は「冬・氷・嵐・降る・寒し」が「影」であるという。しかし、だからといって、一つ一つの語に「影」となる語が定まっているわけではないとも述べる。

このあたりは鎌倉時代に発生し、室町時代にさかんになった連歌のことを考え併せるとわかりやすい。連歌においては、句作の素材となる事物を、「山」「水辺」「居所」の三つに分類し、それぞれの中を「体《たい》」と「用《よう》(用《ゆう》とも)」とに分けることがある。

「体」は能楽や華道などでも使われる概念であるが、連歌においては作品中によみこまれる「題材のうち、その語の本体、存在を表わす語」をあらわす。

一方「用」は「物事の本体に対してその作用。はたらき。ききめ」（『日本国語大辞典』）のことで、現在使われている文法用語「体言」「用言」もここからきているというみかたがある。例えば、二条良基《にじょうよしもと》（一三二〇～一三八八）があらわした『連理秘抄』という連歌学書には次のようにある。

山の体　岡　峯　尾上　麓　坂　岨　谷　嶋　山の関
山の用　梯　瀧　杣木　炭竈
水辺の体　海　浦　入江　湊　堤　渚　嶋　沖　磯　干潟　汀　水垣　沼　河　池
水辺の用　舟　浮木　流れ　浪　水　氷　鴛　鴨　千鳥　巣鳥　鳰　蛙　葦　蓮　真菰　海松布　藻塩草　海人　塩　塩屋　閼伽結ぶ　浮草　魚　網　釣　垂るゝ　懸樋
居所の体　軒端　床　里　霞の窓　門　室の戸　庵　戸　樞　窓　瓦　壁　隣　牆　岩屋

図19は筆者が所持している「連歌新式」の写本の「体用事」の部分であるが、「一躰用事／岡　嶺　洞　尾上　麓　坂　そは　谷　嶋　「水辺にも／嫌之」」と記されている。

連歌においては、前の句に次の句をつけていく。その時に、前の句との関連性がなさすぎてもいけないし、ありすぎてもいけない。ありすぎると「つけすぎ」ということになる。

連歌は長句（五七五＝十七拍）と短句（七七＝十四拍）とをつけていく。もともと言語量が多くない。したがって、前の句と関連性をもたせるためには、前の句で使用されている語とある程度のつながりが必要になってくる。しかしあまり重なると、「つけすぎ」になる。

連歌は「付合《つけあい》」をすることによって、全体としては、展開していくことをめざしている。

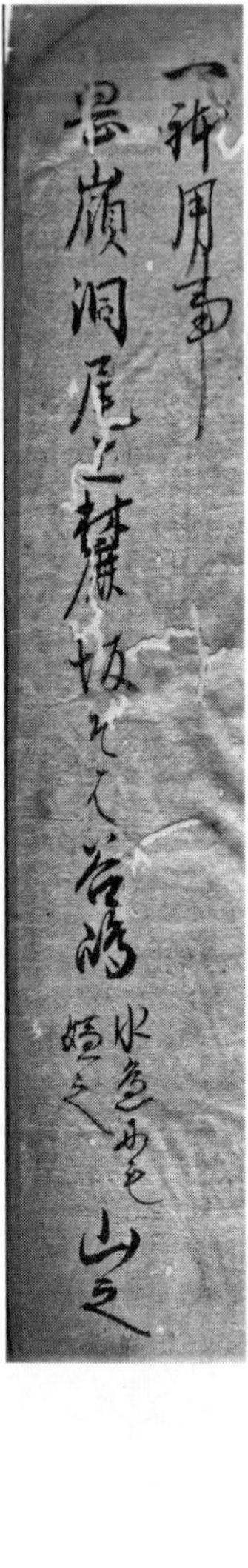

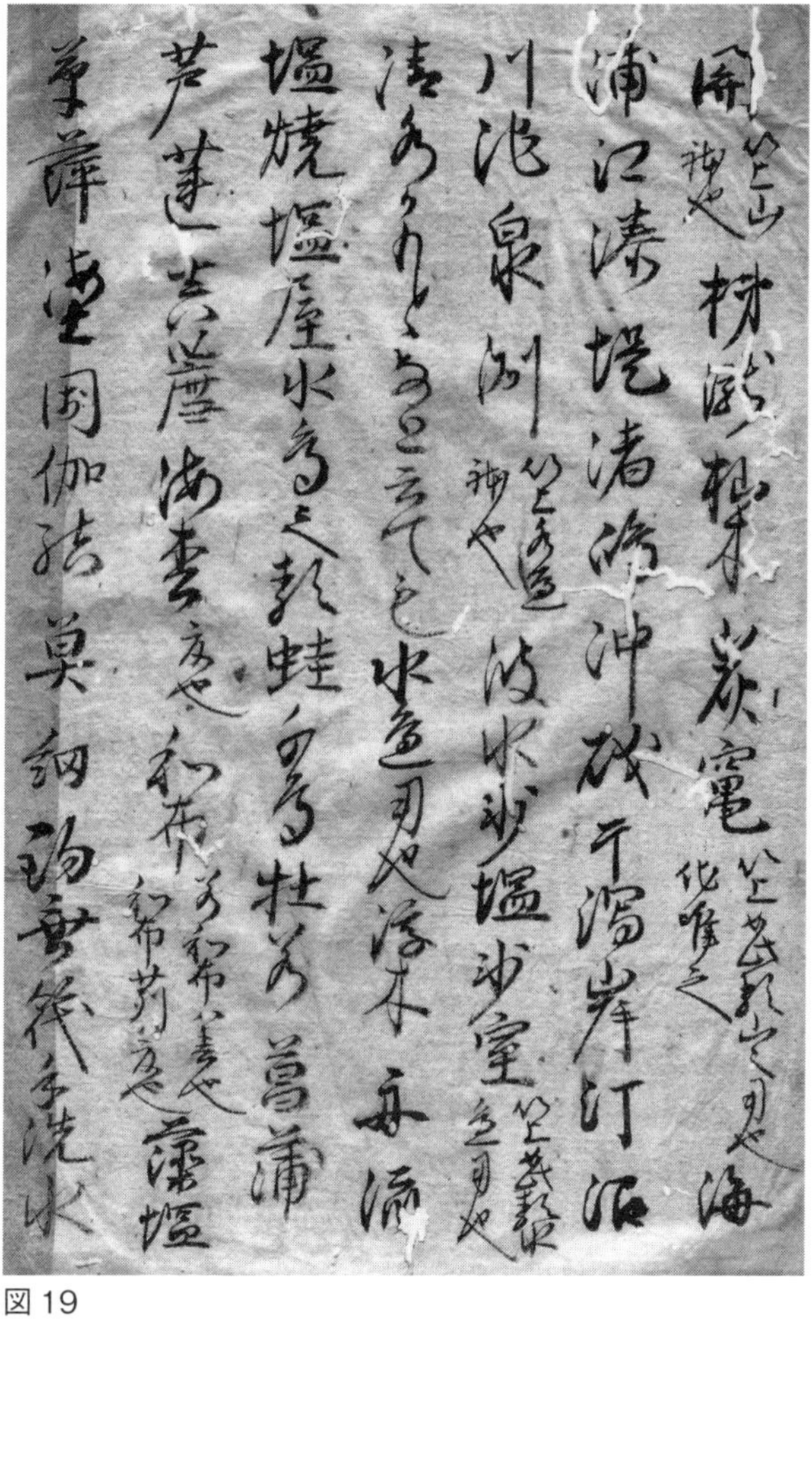

図 19

句としての意味、すなわち「句意」においてということであるが、「つけすぎ」ると停滞したり後戻りしたりする。

また、三句を単位とした時に、「A・B・A」のようになることを嫌う。シンメトリーは展開ではないからだ。そのために、使う語彙に対して繊細な吟味をする。そうした吟味の一つが「山」「水辺」「居所」というグループ分けであり「体・用」というグループ分けであった。

和歌においても「縁語」がある。一つの歌の中で使われているある語に、語義的にあるいは発音上かかわりのある語で、「よせ」あるいは「ことばの縁」と呼ばれることもある。「縁語」を使って一つの歌を構成すると、つながりが滑らかになるが、過度に使うとわざとらしくなる。

例えば「あをやぎの　糸よりかくる　春しもぞ　みだれて花の　ほころびにける」（紀貫之『古今和歌集』巻第一）という和歌であれば、「より（よる）」「かくる（かける）」「みだれて（乱れる）」「ほころび（綻ぶ）」が「糸」の縁語ということになる。この和歌は、漢語「リュウシ（柳糸）」を向こう側に置いて、柳の細い枝を「糸」にみたてているので、「糸」のことだけを表現しているのではない。そうであるから、「糸」の縁語がたくさん使われていても、わざとらしくはないし、うるさくもない。

### †御杖とソシュールの共通性

御杖は、和歌において「縁語」と呼ばれ、連歌において語をグループ化する発想があったことを受けながら、それらを「影の詞」という表現によってとらえ、概念化した。御杖の「影の詞」はスイスの言語学者ソシュール（F. de. Saussure、一八五七〜一九一三）の「連合関係（rapport associatif）」にきわめてちかい。

ソシュールはある語Xとある語Yとが「発音と語義双方に共通性がある場合」「語義のみに共通性がある場合」「発音のみに共通性がある場合」に語Xと語Yとが「連合関係」にあるとみなしている。

このことの説明のために、『岩波国語辞典』第八版（二〇一九年）の八九〇〜八九一頁から見出しを抽出してみよう。語釈の一部や使用例を省いた。

そこい［底意］心の底。したごころ。
そこいじ［底意地］心の奥底に隠して持っている意地。

そこう［素行］平素の行い。ふだんの品行。
そこう［粗鋼］鋼材や製品に加工する前の鋼。
そこうお［底魚］海底に近い所、または海底の砂泥中にすむ魚。
そざい［礎材］土台となる材料。いしずえとなる材料。
そざい［素材］もとになる材料。特に、芸術作品の表現のたねになるもの。

発音と語義双方に共通性がある……「ソコイ・ソコイジ・ソコウオ」「ソザイ（礎材・素材）」

発音のみに共通性がある……「ソコウ（素行・粗鋼）」

辞書の見出しは発音によって配列されているから、連続するページから見出しを抽出すると、発音に共通性がある語がずっと並んでいく。しかし、「ソコウ（素行）」と「ソコウ（粗鋼）」のように、発音には共通性があっても語義はまったく異なる場合もある。

これはいわゆる「同音異義語」であるが、日本語における「同音異義語」は「礎材」と

「素材」、「素行」と「粗鋼」のように、漢語同士であることが多い。漢語はもともと中国語で、それを日本語としての発音に整え借用したものである。中国語として使われていた場合は、多くは（四声と呼ばれる発音を含めて）発音に違いがあった。しかしその四声を捨て、発音を日本風にした結果、「同音」になったということだ。

一方、「ソコイ（底意）」「ソコイジ（底意地）」「ソコウオ（底魚）」にはいずれも和語「ソコ」が含まれている。同じ和語が含まれているのだから、そこは語義に共通性がある。そして同じ和語なのだから、発音にも共通性がある。

さて、右の引用では「語義のみに共通性がある」例を指摘していない。それは離れた頁を見なければそういう見出しが抽出できないからだ。

例えば、「ソザイ（礎材）」は「いしずえ（礎）となる材料」という語義なのだから、「イシズエ（礎）」という語とは語義が重なる。すなわち「イシズエ（礎）」と「ソザイ（礎材）」とは「語義のみに共通性がある」語同士ということになる。

いやいや、当たり前のことをちょっと整理しただけではないかと思われるかもしれない。「俺が言語学をやっていたらそのくらいのことはすぐに気づいたさ」と思われるかもしれない。当たり前のように感じるが、大事なのは、そういうことをおそらく無意識のうちに分かって、人間は言語活動をしているだろうということだ。

ソシュールいうところの「連合関係」は言語が言語として機能していくために影で働いている関係といってもよい。まさしく「影の詞」だ。

## †顕在化した語の背景

詩的言語に限らないが、人間が「文」をつくろうとする。「文」は（通常は、といっておくが）幾つかの語から成る。だからどんな語を使って「文」をつくるか、ということがまずは「課題」になる。まず最初にAという語を使うか、いやいやそうではなくてBという語にしようか、Cもあるぞ。迷うな。という選択を繰り返して「文」ができあがる。

できあがった文に五つの語が使われていたとする。その五つの語は最終的に（と表現しておくが）選択された語だ。その五つの語の一つ一つの語の背後には、候補とはなったが選択されなかった語がある。それは一つかもしれないし、もっと多くの語が候補になったかもしれない。できあがった「文」を構成している五つの語は「顕在化」した語であるが、その背後に「潜在化」した語がある。

これが「影の詞」ということになる。

齋藤茂吉は『あらたま』（大正十年、春陽堂）の末尾に置いた「あらたま編輯《へんしゅう》手記」において、「僕は僕の改作の迹を暴露させて見ようと思ふ」と述べて、自らの「改作」のさまを「暴露」する。それを使って、右に述べたことを説明してみよう。通常は「潜在化」した語がどのようなものかがつかみにくい。共通しているところに傍点を附した。

はざまなる　杉の大樹《だいじゅ》の　木下闇《こしたやみ》　ゆふこがらしは　葉おとしやまず　（原作）
はざまなる　杉のむらだちの　下闇に　ゆふこがらしは　葉おとしやまず　（改作）
はざまなる　杉の木立《こだち》の　下闇に　ゆふこがらしは　葉おとしやまず　（改作）
はざまなる　杉の大樹の　下闇に　ゆふこがらしは　葉おとしやまず　（改作）

「はざまなる」でいえば、次の□をどうしようか、というところで迷ったともいえよう。

「はざまなる杉の□の□下闇□ゆふこがらしは葉おとしやまず」

「大樹」を使うか「むらだち」を使うか「木立」を使うか。「ダイジュ（大樹）」はもちろん〈大きな樹〉であるので、「ムラダチ（群立）」や「コダチ（木立）」よりも杉の樹の大きさが前面に表現される。場合によっては、一本の杉の樹という含みがでるかもしれない。

それに対して「ムラダチ」は杉が何本もあることの表現になる。一本の大きな杉ではなく、大きな杉が何本も並ぶということになるだろう。「コダチ（木立）」は大きさも本数もイメージさせない語かもしれない。

あるいは「大樹」や「むらだち」を入れないことによって、そこが後景に退き、「下闇に　ゆふこがらしは　葉おとしやまず」が重みをもち、作品の中心になる。派手な語を使わないことによって、穏やかな語同士の中で意味がたちあらわれてくる。なんでも「バエ」ればいいというものではない。

ひゆうひゆうと　細篁《ほそたかむら》をかたむけし　風ゆきて　なごりふかく　澄みつも　（原作）
ひとむきに　細篁を　かたむけし　寒《さむ》かぜのなごり　ふかくこもりつ　（改作）

「ヒュウヒュウト」と「ヒトムキニ」とは語義が異なる。「ヒュウヒュウ（ト）」は激しく吹く、あるいは吹き続ける風の音をあらわす時などに使われる語で、「ヒトムキニ」は〈ある一つのことに心を向けて、他をかえりみないこと・ひたむき〉という語義を持つ。「ヒュウヒュウト」は具体性を持ち、「ヒトムキニ」は具体性を持たない。しかし、両語とも風が細い竹を傾けるぐらい吹いているということをあらわしている。

両語は、発音に共通性もないし、語義にも直接的な共通性はない。だから、両語は連合関係にある語ではない、とひとまずはいえよう。しかし、「風の強さをあらわす語」というカテゴリーを設定すれば、「ピューピュー」や場合によっては「ザワザワト」「ヒタスラニ」などとともに思い浮かんでくる語とみることはできる。これを広義の連合関係とみることは、おそらくできる。

「風のなごり」が「ふかく澄む」のと「ふかくこもる」のでは、「スム」と「コモル」で動詞の語義がかなり異なる。しかし、動詞というカテゴリーを想定すれば、そこに共通性がある。

「嬉しいことがあったので、茂吉は□」の□部分には、どのような語が入るだろうか。「トビハネタ」「(大声で)ワラッタ」「手をタタイタ」「(いきなり)ハシリダシタ」「ハイタッチヲシタ」いずれも文の述語動詞として□に入りそうだ。これも広義の連合関係といってよいだろう。

他者の作品をこのようによみ、それを生かして自身の作品を作る。それが御杖の主張だった。それは言語を具体の相において、徹底して捉えるという主張でもあった。

言語を具体の相において徹底して捉えるというのは、きわめて繊細な作業であり、かつ丁寧な行為であり、静かなエネルギーを必要とする。大声でわめくのではなく、他者の言語に向き合う、どうしてこのように表現したのか。なぜこうではなかったのか。言語によって他者を理解し、他者と「交感する」。それが御杖の「言霊倒語」といってよい。

宣長の著作を読む時、春庭の著作を読む時、成章の著作を読む時、御杖の著作を読む時、筆者は「言語に沈潜する」という表現を思う。そして言語があやしいまでに繊細であることを知り、そこにまた「法則」や「機能」があることを知って謙虚な気持ちになる。

### †言語学の応用力

筆者は日本語を分析しているので、大学においても、日本語学という分野の授業を担当することが多い。日本語の「法則」やシステムについて講義をすると、学生は「母語として使っている日本語にこのような「法則」があることを今まで知らなかった」というような感想を述べる。そこまではよいが、そこから「日本語の奥深さを知った」となる。できれば「言語の」と思ってほしいが、まあそれもいいだろう。そこから「日本語はすばらしい」となり、その「素晴らしい日本語を使いこなしている自分が素晴らしい」となってくると、「ちょっと待って」ということになる。

　日本語の話を聞いて、それを一般化して言語はみんなそうであるはず、と思ってほしい。具体的なことを一般化する力だ。言語のシステムが予想外に複雑であるという「感慨」はいいが、それを自身ときりはなした「言語」についての「感慨」にとどめず、それを使っている自身に結びつけて「自分褒め」に帰着させる。こうした傾向が強まっていないか、というのが筆者の危惧である。そしてその危惧は杞憂であってほしいと思う。

　応用力が大事、一般化が大事という。それは一面そのとおりだ。「『源氏物語』を学ぶ」は「ヲ学ぶ」であるが、『源氏物語』を学ぶことによって、何を学ぶことができたのか。それは「『源氏物語』を学ぶ」ではなく、「『源氏物語』で何かを学ぶ」つまり「デ学ぶ」だという。それもそのとおりだろう。文学部で『源氏物語』を一生懸命学び、『源氏物語』について卒業論文を書きました。「そうか、うちの会社では『源氏物語』を一生懸命学んだ人を採用したかったんだ。君は合格だよ」とは……ならない。『源氏物語』そのものでなく、何かを一生懸命学んだ経験を仕事にいかす、というようなことになる。

　しかしまた、なんでも一般化すればいいというものでもない。具体的な裏付けのない「抽象」は「いきた抽象」ではなく、具体を過度に離れた「抽象」は「抽象のための抽象」

という面が強い。インターネット上のいわゆる「まとめサイト」は便利な面もあるだろうが、そもそも具体的な裏付けがあまりない「情報」をさらにまとめている場合も少なくなさそうで、そうなると「抽象の抽象」のようになり、地に足の着かない、妙にふわふわしたものになる。

## †理性の言語、感性の言語

筆者は詩的言語にふれることによって、日本語の「かきことば」をもっと丁寧なものにできないか、と考えている。そしてそれをいろいろなところに、いろいろなかたちで書き記している。その考えは、具体的な言語にまずもどることが必要ではないかという考えに基づいている。

多様性を知るためには、多様に展開している「具体」「細部」を知らなければならない。それを抜きにして「多様性」を捕捉することはできない。人間が具体的にどのように多様展開しているかを観察せずに、人間の多様性を話題にすることは、まさに「お題目」ということになる。「微妙に他とことなって」はまさに言語が言語として成り立っているシステムそのものについての謂いと重なる。

筆者が大学の学部の「国語学史」の授業で、宣長、春庭、成章について習った時に、これらの観察対象が和歌であることが多かったことを知った。当時は「韻文」と「散文」というような分け方がごく当たり前になされていたので、筆者もそのような枠組みで考えていた。和歌を対象にした観察は、つまりは「韻文」の観察だ。「散文」の観察も必要ではないかと思った。そうした思いはごく最近まで続いていた。

かつての日本の「韻文」は和歌、連歌、俳句が主といってよいだろう。これらはいずれも言語量に制限がある。制限された言語量の中で表現を組み立てる。しかし韻はふまない。制限があるから、表現を練る必要がある。いかなる語を使うかが、もっとも考えるところであろうが、表現は練られ、その結果、繊細な表現が構築されていく

「散文」だって推敲《すいこう》はするだろうが、言語量に制限がないので、「韻文」ほど「ああでもないこうでもない」と悩まないかもしれない。「はなしことば」には「推敲」という概念があてはまらない。こう考えると、自身がアウトプットした言語についてみなおす「度合い」は「はなしことば」がもっとも小さくて、次が「非韻文を書く場合」で、もっともみなおすのが「韻文を書く場合」ということになる。こう考えると、もっとも練られた表現である韻文、特に和歌の観察から日本語についての多くの発見があったことは必然ともい

えよう。今はそう考えている。

「口語訳」がメタ言語として機能していると思われることについてはすでに述べた。次には、父成章の術語でいえば「あゆひ（脚結）」、現在の用語でいえば、助詞・助動詞類の徹底した分析が、歌の解釈、歌作の双方において重視されていたことをとりあげることにする。「あゆひ（脚結）」の観察、分析とは「細部」の観察、分析だ。

### †「あゆひ」の分析

ここでは、国文学者の三宅清が『富士谷御杖』（一九四二年、三省堂）において、「言霊歌論の成熟する年代に成つたもので、神道・詠歌・言語の哲学大系は此書の内にも窺ふ事が出来るのである」（二〇三頁）と述べた『俳諧《はいかい》天爾波《てにをは》抄《しよう》』全六冊（文化四年刊）を採りあげることにする。

『俳諧天爾波抄』の「巻之一」の冒頭に「北辺大人口授　浦井有国　筆受」とあって、「北辺大人」すなわち富士谷御杖が「口授」（＝口で教え授ける）したことを門人である浦井有国が「筆受」（＝筆記）したという形式を採るが、これは父・成章の著述を初めとして、当時あった形式で、実際は自著といってよいと考えられている。また刊本の筆致も御杖のものとみられており、自身で版下を書いたと思われる。

　御杖は「凡例」において、和歌、連歌、俳諧という「詩的言語」を考えた時に、和歌と連歌とは父・成章の『脚結抄』の説くところをあてはめることができるが、俳諧は「俗語」を使っているので、「ふるきてには」と「俗のてには」とが交用されていると述べ、『脚結抄』の「部《ぶ》立例立《だてれいだて》」を使って、『七部集』の句を説明したものが本書だと述べている。

　御杖はさらに「蕉翁の句ならびに門弟子の句ども」が言霊によっているといい、その「證《あかし》」として、「猿蓑《さるみの》」の其角《きかく》の序を示したことを述べる。「猿蓑」は俳諧七部集の一つで、向井《むかい》去来《きょらい》と野沢凡兆《のざわぼんちょう》が編集した俳諧撰集。元禄四（一六九一）年に刊行されている。書名は巻頭の松尾芭蕉の「初しぐれ猿も小蓑をほしげ也」の句に由来している。

「猿蓑」の序には、「幻術の第一として、その句に魂の入ざれば、ゆめにゆめみるに似たるべし」とあるが、御杖はそれを「即言霊の事」だといい、柿本人麻呂の「ことだまのたすくる国」、山上憶良の「ことだまのさきはふ国」と同じで、「その句に入りたる霊の不測の生動をなすこと」を「幻術」と表現しているのだとみる。

　俳諧が「俗語」を使うということがわかっていた江戸時代人はいるだろう。しかし、「詩的言語」が和歌、連歌、俳諧と展開しているという経時的な「みかた」をして、使われている「てには」にも経時的な変化があるということを明確に認識し、それを説明したところが、御杖の卓抜しているところではないだろうか。

御杖は「や」をとりあげている条において、『新古今和歌集』秋歌上に収められている藤原定家の「さむしろや　待つ夜の秋の　風ふけて　月をかたしく　宇治の橋姫」(四二〇番歌)と『後拾遺和歌集』雑五に収められている「ゆふしでや　しげき木の間を　もる月の　おぼろけならで　見えしかげかは」を例として採りあげている。

御杖は「正例」「変例」「略例」という用語を使って右の歌についての説明をする。これは父・成章の『脚結抄』の用語を受け継いだものと思われる。『脚結抄』「おほむね下」において「三作例」という条で、「正例をあとゝいひ、変例をさしおきといひ、疑例をうたかひともすつるあとゝもいふ」と述べている。

成章の「正例」は『古今和歌集』における使い方、「変例」は『後撰和歌集』以降の変化した使い方、「疑例」は疑問のある使い方を指すと考えられており、御杖の「正例」「変例」も同様にみてよいと思われる。

## †ことばの省略

御杖は、連歌、俳諧では言語量が制限されていることに着目し、そのために「詞」をはぶいて句作せざるをえないことを指摘する。それゆえ「正例」よりも「転例」を使うと述べている。

「猿蓑」巻之四の「ノ」を採りあげている条において、「冬の日」に収められている杜国《とこく》の「五形菫《ケンケスミレ》の畠《ハタケ》六反」について具体的に説明を展開する。その中に「もちあふ」という用語がみられるが、「もちあふ」は御杖独特の表現、用語にちかいものに思われる。

御杖は「ノ」には「むかふよりはいづかたへも持あふものにしてゐる物をそのうしろのかたに、外にふれずもちあふ所思ひとらする心」があるという。レンゲやスミレが咲いている畠を「五形菫の畠」と「ノ」を使って表現するのは自然といえば自然なことだ。しかし畠といえば野菜を植えるものだということが言語による表現の「むかふにある」。さらに「そこにある人の神気」すなわち魂、心のはたらきもある。それを「五形菫」に持ち合わさせた。そここそを理解しなければならない。

そして、ここでも上古中古と近古との違いを述べ、上古は「言霊をむねとして」表現をかたちづくっているために、「正面」から述べることをしないという。そして再び「猿蓑」の序について述べる。

また「俗には古意にのといふ所をもがといふ事多し。古意にもがといふ事もあれど、のとがとはそのつかひ方大にたがへり」と述べる。傍線はもともと施されており、こうした工夫にも注目したい。同じ巻之四「ガ」を採りあげた条ではさらにふみこんで「ノ」との違いについて述べている（註4-2）。

山田孝雄は『奈良朝文法史』（昭和二十九年、宝文館出版）において、「ノ」と「ガ」とを対比し、「「が」は意義上、上なる語を主点として下なる語をそが所属なりといふやうに聞えさするものなり」（四〇九頁）と述べているが、御杖の「がは上おもく下軽し」に通う。山田孝雄と同じみかたをしているから御杖がすごい、というみかたはあたらない。言語に沈潜し、徹底した観察をしたから、両者の見解が一致したとみるべきであろう。

御杖が例として採りあげた「孫があとゝる祖父《ヂヂ》の借銭《シャクセン》」は『続猿蓑』に収められた馬莧《ばけん》の句である。誰が祖父の借金を「跡とる（引き受ける、相続する）」のかといえば、それは孫ということで、「上」が重い。しかし、「祖父の借銭」というまとまりにおいては、祖父の何なのかといえば、それは「借銭」ということで、この場合は「借銭が主意」ということになる。

†はなしことばとかきことば、そして思考

巻之二の「誂属」「なん」の条において、御杖は撥音《はつおん》について「もとより文字なきもことわりなるは、五十音の外なればなり」と確かな見解を示す。そして「んは五十音の源にして、口を閉ながらある音也。すべての音、口をひらかずして音ある事なきに、んのみひとりかくのごとし」「んといふ音、その口を開けばうとなる也。五十音の親はうなり。その源はんなり。此故にこれを神音のうとは名づけおけり」と述べる。撥音を「五十音の外」と認める一方で、撥音を「五十音の源」とみる。それはそれとして、やはり一つの音に何らかの「意義」を求める「音義説」にちかい言説といってよいだろう。

助詞の使い方をめぐっての「ややこしい」議論が続いたかもしれない。言語は時間の経過とともに変化する。これは言語のもつ「宿命」のようなものだ。だからこれまで使っていた「言語形式」とは異なる「言語形式」が使われるようになることを嘆く必要もないし、憤る必要もないといえばない。もちろん、一人の言語使用者としてさまざまなことを思うことはもちろんあるし、それは自由だ。平安時代の清少納言も鎌倉時代の吉田兼好も新しい表現を嘆いていた。そういうものだ。

だから、「俳諧七部集」なんて正確に理解できなくてもいいのだ、『古今和歌集』などわからなくてもいい、という「みかた」が成り立つかどうか、それは筆者には判断できない。「建前」としては「成り立たない」、しかし「本音」としては「そういう時もいずれくる」かもしれない。それはそれとして、言語が人間の思考と深く結びつき、そうした意味合いにおいて人間の思考を支えているのだとすれば、言語について粗っぽくなれば、思考も粗っぽくなるはずだ。そう考えると、助詞や助動詞はどうでもいい、とはいえないだろう。「かきことばは言語情報を盛る器」だというのが筆者の「みかた」だ。その点において、「かきことば」と「はなしことば」とはまったく異なる。別の言語態といってよい。「はなしことば」も「器」といえなくもないが、その「器」は「かきことば」ほどかっちりとしたものではない。

現代は「はなしことば」が、どちらかといえば重視されていないだろうか。プレゼンテーションが重要だというのも、そういう「流れ」の中かもしれない。「はなしことば」は現場性がつよいから、「聞き手」に理解されていないと思えば、言い直すこともできる。あるいは別の説明をすることもできる。しかし「かきことば」はむしろ「はなしことば」の「現場性」を離れるためにうみだされたといってもよい。空間も時間も超えて、言語化された「情報」を伝えるためには、使う言語は吟味しなければならないし、何より「読み手」にわかりやすいように「情報」を整えておく必要がある。

そしてまた、どうしても使用する言語量に制限をうけやすい。制限を受けているからこそ、言語の「表」だけではなく、「裏」も充分に使いたい。こう考えると、御杖の言説の多くはごく当然のこととして、現代にもあてはまる。御杖の「言霊倒語説」を過去における奇矯な説とみるのはあたらないだろう。最後に「音義説」を現代の考え方においてとらえなおしてみよう。

## 音義説は妄想か？

筆者は、二〇一九年の十一月にミシガン大学の日本研究センター（CJS）が主催している「Noon Lecture」で講演した。「振仮名の歴史」をテーマとして、通訳を介して話をした。通訳の方が的確であったためだと思うが、聴衆の方たちが「振仮名の歴史」に興味をもってくれたという「手応え」を感じることができた。

「Noon Lecture」の翌日には、日本語のクラスの授業で話をすることになっていたので、オノマトペについての準備をしておいた。日本語においてはオノマトペを使う表現が英語ではどうなるか、というようなことを話題にしたのだが、話の冒頭に「実験」をした。それは、「日本の東京湾に怪獣が二匹出現しました。一匹は大きく、もう一匹は小さな怪獣でした。新聞社が怪獣の名前を募集したところ、「ヒミキ」「ハマラ」「チリニ」「カヤサ」という四つの名前が候補になりました。あなたは、大きい怪獣の名前はどれで、小さな怪獣の名前はどれだと思いますか」というものだ。

最初は日本語の上級クラスで答えてもらい、次には普通のクラスで答えてもらった。答えはどちらも同じで、クラス全員が、大きい怪獣の名前として「ハマラ」「カヤサ」を選んだ。

どのような「実験」かおわかりになる方もいると思うが、「ハマラ」「カヤサ」はどの拍にも母音［a］を含んでいる。一方「ヒミキ」「チリニ」はどの拍にも母音［i］が含まれている。日本語の母音（には限らないが）［a］は口を大きくあけて発音する。一方、日本語の母音［i］は口をほとんどあけずに発音する。そのことが、言語音のききとりに「感覚」として何らかの影響を与えているということだ。

日本語を母語とする人が、日本語を身につけていくプロセスで、そうした「感覚」を獲得していくということはわかる。しかし、日本語を母語としない人でもそうした「感覚」

があるということを、どう考えるか。日本語学習者だから、とみてよいのか。そうではなくて、母音［a］、母音［i］についての「感覚」は言語によらず、ひろくあるものなのか、ということが新たな「課題」になった。

授業では、一人ずつ順番に答えてもらっていったのだが、数名が同じ答えをした時に、普段クラスを担当している方が、「みんなちゃんと考えて答えてよ」とおっしゃった。あまりにも同じ答えが続くので、そう思われたのだろう。しかし全員同じ答えだった時に、今度は学生が驚いた。なんで同じなの？　という顔をしていた。

言語音が何らかの「感覚」と結びつき、何らかの意味を持つように感じるということは現代は認められている。江戸時代の「音義説」を妄説として退けることはもはやできない。江戸時代の「音義説」を称揚しようというわけではないが、このことは「科学的」とはどういうことか、という問いにつながる点で興味深い。そういう「学び」もできる。

また、繰り返し述べてきたことではあるが、やはり自身が使っている言語、これまで使われてきた言語を落ち着いてよくよく観察することは大事だと思う。それによって、いろいろなことがわかる。「理性」と「感性」のバランスも大事だ。

註4-1

影の詞　これ最第一の大事なり。哥をよまん人しらずはあるべからず。ふるき哥をも此心えをもてみざらん人は、ふめるあとをのみ見て、あしのかたちを思はぬたぐひなるへし。上つ世、中むかしの人は、これをおもひてはよまねど、今よりおしはかれば、おのづから其いきほひをふくみたり。中ごろよりは、わざとこれにおもむけてよみけんとみゆ。いはんや、近むかしより後はつくり哥のみなれば、むねとある哥よみも、さらぬ人も、哥のよしあしをばいはず。心づかひはまたくこゝにあり。こゝにいひあきらむるは、初心の心えやすきことをのみあぐるなり。

扨《サテ》、花、時鳥《ホトトギス》、月、雪をよまんに、花に桜、梅、このもと、色香、春の山、名所は影なり。時鳥に、夏山、五月雨、村雨、夕夜、あかつき、はつね、一こゑは影なり。月に秋風、秋の夜、光、影、名所、くもる、すむ、槇のいた戸、山のは、木間は影なり。雪に冬、氷、あらし、ふる、下折、さむし、ふしのたかね、かひかねは影なり。かくいへはそのものに、その影さたまりたる様なり。ゆめ〳〵左にあらす。（略）連哥する物のつけものとていひあつかふは影をいへり。それだによき連哥師、心ある人はつけ物さだまりたるやうにはいはず。又連哥には影のまへうしろをきらふことあり。哥はさることなし。

註4-2

がといふ心は、上ののの条下に粗いふがごとく、その物にはたらきをあらせていふ心なり。のといふ時は、たゞそのうしろの持合をさとす心也。がはそのもの、他にことなるをさとす心あれば、よく心えてつかふべし。

がはすべて、その上の物に徳用をあらせていふ時につかふ詞なるをば、下なる詞に主とする所あるにも猶がとつかふ。これ俗語也。かやうの所は古意にてはみなのとつかふ也。この上に引たる「孫があとゝる祖父の借銭」といふ句、のとがとふたつをつかへり。よくつかひわけたる句なり。祖父がこしらへたる借銭なれども、今此句意は、その借銭が主意也。又その跡とりて身に引うくるは孫なれば、孫は主なるが故にがとつかひたり。

概していはゞ、がは上おもく下軽し。のは上軽く下重しと心うべきなり。

ちくま新書
1531

# 言霊《ことだま》と日本語《にほんご》

二〇二〇年一一月一〇日　第一刷発行

著　者　今野真二（こんの・しんじ）

発行者　喜入冬子

発行所　株式会社 筑摩書房
東京都台東区蔵前二-五-三　郵便番号一一一-八七五五
電話番号〇三-五六八七-二六〇一（代表）

装幀者　間村俊一

印刷・製本　株式会社 精興社


ISBN978-4-480-07350-1 C0281

1187
鴨長明
――自由のこころ
鈴木貞美
『方丈記』で知られる鴨長明には謎が多い。彼の生涯を仏教や和歌の側面から解釈しなおし、真の自由ともいえる、その世界観が形成された過程を追っていく。

1073
精選　漢詩集
――生きる喜びの歌
下定雅弘
陶淵明、杜甫、李白、白居易、蘇軾。この五人を中心に、深い感銘を与える詩篇を厳選して紹介。漢詩に結実する東洋の知性と美を総覧する決定的なアンソロジー！

1478
漢語の謎
――日本語と中国語のあいだ
荒川清秀
漢字の熟語である「漢語」は、中国から日本に伝来し、また日本から中国へ輸出もされてきた。本書は様々な漢語の来し方を探求し、秘められたドラマを描きだす。

756
漢和辞典に訊け！
円満字二郎
敬遠されがちな漢和辞典。でも骨組みを知れば千年以上にわたる日本人の漢字受容の歴史が浮かんでくる。辞典編集者が明かす、ウンチクで終わらせないための活用法。

1249
日本語全史
沖森卓也
古代から現代まで、日本語の移り変わりをたどり全史を解き明かすはじめての新書。時代ごとの文字・音韻・語彙・文法の変遷から、日本語の起源の姿が見えてくる。

1221
日本文法体系
藤井貞和
日本語を真に理解するには、現在の学校文法を書き換えなければならない。豊富な古文の実例をとりあげつつ、日本語の隠れた構造へと迫る、全く新しい理論の登場。

1099
日本思想全史
清水正之
外来の宗教や哲学を受け入れ続けてきた日本人。その根底に流れる思想とは何か。古代から現代まで、この国のものの考え方のすべてがわかる、初めての本格的通史。

# ちくま新書

1101
## 吉田松陰
――「日本」を発見した思想家

桐原健真

2015年大河ドラマに登場する吉田松陰。維新の精神的支柱でありながら、これまで紹介されてこなかった思想家としての側面に初めて迫る、画期的入門書。

1246
## 時間の言語学
――メタファーから読みとく

瀬戸賢一

私たちが「時間」をどのように認識するかを、〈時は金なり〉〈時は流れる〉等のメタファー（隠喩）を分析して明らかにする。かつてない、ことばからみた時間論。

1396
## 言語学講義
――その起源と未来

加藤重広

時代とともに進化し続ける言語学。国家戦略、AI、滅びる言語、……現代に即した切り口も交え、ことばの研究の起源から最先端まで、全体像と各論点を学びなおす。

889
## 大学生からの文章表現
――無難で退屈な日本語から卒業する

黒田龍之助

読ませる文章を書きたい。だけど、学校では子供じみた作文と決まりきった小論文の書き方しか教えてくれなかった。そんな不満に応えるための新感覚の文章読本！

599
## 高校生のための古文キーワード100

鈴木日出男

暗記はやめる！　源氏物語注釈・枕草子注釈、古語辞典編著を経て、国文学界の第一人者が書き下ろす、読んで身につく古文単語。コラム〈読解の知恵〉も必読。

542
## 高校生のための評論文キーワード100

中山元

言説とは？　イデオロギーとは？　テクストとは？　辞書を引いてもわからない語を、思想的背景や頻出する文脈から解説。評論文を読む〈視点〉が養えるキーワード集。

604
## 高校生のための論理思考トレーニング

横山雅彦

日本人は議論下手。なぜなら「論理」とは「英語の」思考様式だから。日米の言語比較から、その背後の「心の習慣」を見直し、英語のロジックを日本語に応用する。２色刷。

# ちくま新書

908
東大入試に学ぶロジカルライティング
吉岡友治
腑に落ちる文章は、どれも論理的だ！　東大入試を題材に、論理的に書くための「型」と「技」を覚えよう。学生だけでなく、社会人にも使えるワンランク上の文章術。

600
大学生の論文執筆法
石原千秋
大学での授業の受け方から、大学院レベルでの研究報告や社会に出てからの書き方まで含め、執筆法の秘伝を公開する。近年の学問的潮流も視野に入れた新しい入門書。

253
教養としての大学受験国語
石原千秋
日本語なのにお手上げの評論読解問題。その論述の方法を、実例に即し徹底解剖。アテモノを脱却し上級の教養をめざす、受験生と社会人のための思考の遠近法指南。

371
大学受験のための小説講義
石原千秋
「大学入試センター試験」に必ず出る小説問題。これを解くには学校では教えてくれない技術が必要だ！　国公立二次試験にもバッチリ使える教養としての小説入門。

110
「考える」ための小論文
西研
森下育彦
論文を書くことは自分の考えを吟味するところから始まる。大学入試小論文を通して、応用のきく文章作法を学び、考える技術を身につけるための哲学的実用書。

122
論文・レポートのまとめ方
古郡廷治
論文・レポートのまとめ方にはこんなコツがある！　用字、用語、文章構成から図表の使い方まで実例を挙げながら丁寧に秘訣を伝授。初歩から学べる実用的な一冊。

1380
使える！「国語」の考え方
橋本陽介
読む書く力は必要だけど、授業で身につくの？　小説と評論、どっちも学ばなきゃいけないの？　国語にまつわる疑問を解きあかし、そのイメージを一新させる。

# ちくま新書

1105
やりなおし高校国語
――教科書で論理力・読解力を鍛える
出口汪
教科書の名作は、大人こそ読むべきだ！　夏目漱石、森鷗外、丸山眞男、小林秀雄などの名文をカリスマ現代文講師が読み解き、社会人必須のスキルを授ける。

1354
国語教育の危機
――大学入学共通テストと新学習指導要領
紅野謙介
二〇二一年より導入される大学入学共通テスト。高校国語教科書の編集に携わってきた著者が、そのプレテスト問題を分析し、看過できない内容にメスを入れる。

1468
国語教育　混迷する改革
紅野謙介
実用文と複数資料を扱う「大学入学共通テスト」の構造的欠陥とは。論理と文学を切り分けた「新学習指導要領」の行方は。歪められつつある国語教育の未来形を考える。

486
図書館に訊け！
井上真琴
図書館は研究、調査、執筆に携わる人々の「駆け込み寺」である！　調べ方の超基本から「奥の手」まで、カリスマ図書館員があなただけに教えます。

1012
その一言が余計です。
――日本語の「正しさ」を問う
山田敏弘
「見た目はいいけど」「まあ、がんばって」何気なく使った言葉で相手を傷つけた経験はありませんか。よりよいコミュニケーションのために、日本語の特徴に迫る一冊。

1390
これなら書ける！　大人の文章講座
上阪徹
「人に読んでもらえる」文章を書くには、どうしたらいいか？　30年プロとして書いてきた著者が、33の秘訣を大公開！　自分の経験を「素材」に、話すように書こう。

1392
たった一言で印象が変わる大人の日本語100
吉田裕子
「大人ならそういう言い方はしない」と思われないように。仕事の場はもちろん、日常生活でも「教養ある大人」としての基本的な語彙力が、これ一冊で身につく。